中國古代衣食住行

中國古代衣食住行

許嘉璐 著

 香港中和出版有限公司
www.hkopenpage.com

再讀《中國古代衣食住行》記

朱小健

老師的《中國古代衣食住行》要再版，出版社讓我寫幾句話作點說明。這當然是給我提供了一個再次學習老師著作的機會。

老師是語言學家，但從 20 世紀 70 年代末跟隨老師學習以來，我卻感到文化是老師研究語言的終極目的。「大革文化命」結束後，老師是最早提出要關注語言與文化關係研究的學者之一。在其後的二十多年裡，老師始終堅持以漢語本體為出發點，以古今禮俗為觀照系，以既往與當代的史實為依據，以現代科學的方法為指導，在這個領域中辛勤耕耘。一方面在教學中以此指導學生，使一些後學深受啟發而專心鑽研，寫出了一批漢語漢字與文化的著作，如《禮俗辭典》、《漢字文化》等；另一方面，老師自己身體力行，在一系列論著中專門探討了傳統文化及其現代化問題。《中國古代衣食住行》是其中較早寫作的專論古人服飾、飲

食、宮室、車馬等生活的情況及相關文化現象的一種。

　　度人金針、深入淺出、系統周密是我再讀此書的深切感受，這也許就是出版社希望我說明的《中國古代衣食住行》的基本特色吧。

一　度人金針

　　從語言觀察文化，以文化印證語言，是近年來流行的方法。只要其憑藉的語言現象是事實，其依據的文化現象是實際，這就是科學有用的方法。對近年有些人自命為語言文化學的開山者，老師總是寬容地說：羅常培先生早先就寫過《語言與文化》嘛。對一些後學從漢字個別筆畫中追索想像古代文化，老師常微笑着提問：文字負載的是不是語言呢？《中國古代衣食住行》實際上體現了老師關於語言與文化關係的兩個重要思想：一是語言是文化最重要的載體，二是文化主要凝聚於詞彙。這既是老師對語言與文化關係的認識，更是研究語言、研究文化的重要方法。而選取古代衣食住行為例闡釋這兩個認識，又體現了老師另一重要思想：語言學、訓詁學是實用的學科，應用是其最重要的特性。這些思想和方法，在進入 21 世紀，舉國重視文化建

設的今天，更具特殊意義。

　　老師把文化分為物質文化、社會文化、哲學文化三類。而語言是這三類文化最重要的載體，全面地儲存着這三類文化的整體信息（見老師所著《語言與文化》，載《中國教育報》2000年10月17日第7版）。古人的衣食住行，作為物質文化，是當時的經濟基礎和思想觀念在人民生活中的直接反映，從古代文獻語言中盡可能最大限度地還原其面貌，是研究古代文化的可靠途徑和基礎工作。其前提固然是古人文風質樸，所記多為「信史」，更重要的是古代文獻中的詞彙積澱着人力不能隨意更改的文化信息。詞彙是文化意識的結晶。故《中國古代衣食住行》所論，皆以古代文獻語言中的詞彙為依據。老師說這並不是一本考證著作，然其從衣冠器物形制到典章禮儀民俗，介紹所及，都有詞義分析，皆具文獻例證，實不乏精到的考證。其分析論證，固然有與字形關涉者，而要在以詞彙為根本。這是值得簡單地一味從漢字點畫中分析文化的學者們深思的。

　　介紹古代衣食住行，本來只說明其形制質料作工即可，而老師則更闡明了其功用與其中蘊涵的古人的觀念意識。如介紹堂前有階梯，左右各一，稱西階、東階，於說明古人之

「住」似已足夠。而老師則又言及古人在室外尊左,因而尊者(賓客)走西階,並舉《史記·魏公子列傳》趙王引信陵君就西階而信陵君側身辭讓走東階事證之(見第三編·堂室)。顯然,這樣的介紹,使今天的讀者在明了堂階形制的同時,更了解了這種形制體現的古人的觀念意識,甚至會聯想到今天餐桌上主陪(北)右手(西)為上座的習俗也許就是古人這種觀念意識的遺痕,並且也進一步理解了《史記》原文的所以然。這種介紹的出發點,是讀者在閱讀古代文獻文本時的需要。這樣介紹堂階,強調了名物詮釋的實用性,從而使讀者獲得了最大限度的信息量。我在北師大講授了十多年古代漢語和訓詁學課,我從未將老師的《中國古代衣食住行》列為參考書目,但幾乎每屆學生中都有人拿着這本書(有從圖書館借得者,亦有自行複印者)來與我討論有關的一些問題。以讀者為本,自然受讀者歡迎。

從語言實際出發,發掘漢語詞彙的文化積蘊,注重語言學的應用性,為讀者解決常見、急需解決的問題,是《中國古代衣食住行》最重要的治學方法。元好問說:「鴛鴦繡了從教看,莫把金針度與人。」老師的著作不單教給了我們知識,更度給了我們金針。

二　深入淺出

我總懷疑「深入淺出」的內部邏輯結構是前因後果——能夠淺顯地講清要說的問題，根本的原因是對該問題進行了真正深入的鑽研。《中國古代衣食住行》是介紹古代文化的著作中比較好讀的一本。這不僅體現在書中列舉大量古代詩文對所論加以印證時為這些詩文略加了注釋，更重要的是老師對所論了然於胸，故能一言中的。如「深衣」，今人十分陌生。清人有過專考，然因深衣有異稱，其考證繁瑣而使人不得要領。老師指出深衣與襦相對，故為長衣，深衣外有罩衫，故為中衣，是深衣即為貼身長衣（見第一編·衣與裳），令人渙然冰釋。

能深入，源於對研究對象的熱愛。與同齡人相比，老師更像經博大精深的中華文化薰陶出來的老一輩學者，對國家民族以及與之相關的文化充滿熾熱情感。其研究之專注投入，學林罕見。如為了解古天文知識，老師曾在仲夏夜於學校操場仰望星空，拿着用紅布蒙着的手電筒與手中星圖對照，來識別星的方位、等級，記憶星宿位置。這樣「笨」的學習、研究方式，恐怕是今天很多學者不屑學，也學不了的。這種下苦工夫對中華文化進行基礎性研究，正是對中

華文化熱愛關注的體現。

　　要深入，就要有科學的研究方法。除了上文提到的從語言實際出發，發掘漢語詞彙的文化積蘊，注重語言學的應用性，為讀者解決常見、急需解決的問題等宏觀方法外，老師還注重語言資料的積累。從通讀的大量古代文獻中搜集、積累第一手材料的具體方法，也是這本書成功的重要因素。老師年輕時慣於在吃飯時、公共汽車上乃至走路時讀書，推想起來是只能誦讀而不便落筆的，而我們這些學生當年見到老師並不太多的藏書時，印象最深的卻是上面畫滿了各種記號，老師親手摘錄的語料卡片數量也曾大大地震撼過我們。這一點從《中國古代衣食住行》中徵引詩文例證之豐贍可見一斑。這些例證，不是簡單地通過《經籍纂詁》之類的工具書就能檢索得到的。即使在電腦和網絡資料已十分豐富的今天，也還不可能輕鬆地檢索到這麼多切合適用的例證。更不用說《中國古代衣食住行》中所舉相關詩文還有相當多的部分是以文化證語言，是對其中詞義的發明考釋了。

　　執着鑽研，無微不信，真正全面把握研究對象，淺出就有了基礎。而表達的流暢生動，則來源於老師的深厚文學功底和長期的教學實踐。這也是北師大中文系老一輩學者

的傳統，陸穎明、俞叔遲、啟元白等先生均以此見長。而
繼承並發揚這一傳統，老師的《中國古代衣食住行》及《古
語趣談》(湖南人民出版社，1989 年出版) 自是典範。

三　系統周密

　　科研工作，尤其是社會科學研究，最重要的一點就是科
學地對研究對象進行分類。分類成功與否，體現了研究者對
客觀世界、研究對象的認識程度。《中國古代衣食住行》內部
有着嚴謹的結構與層次。如論「頭衣」(帽子)，首先分為頭衣、
頭飾兩大類，在頭衣下又分出貴族頭衣、平民頭衣兩小類，
於貴族頭衣下又分論頭衣的形制和頭衣的質料，而在頭衣形
制下再分述平時頭衣、戰時頭衣，平時頭衣下復分冠與冕、
弁兩類。通過這樣分層分類的介紹，雖然僅是一本小書中
的一個章節，卻已為讀者勾勒出了古代頭衣的完整內部系
統。而全書則構成了古人服飾、飲食、宮室、車馬的系統
基礎知識庫。當然，這樣的知識庫，建立在對古代文化整
體把握了解的基礎上。

　　其實，老師原本打算撰寫有關古代禮俗的一套著作，
分論古代的衣食住行、婚喪嫁娶、宗族宗法、姓名避諱、

迷信禁忌、醫療保健、朝野禮儀，然後在這基礎上再撰寫
總論中國文化的專著。但教務和政務佔去了老師太多的時
間精力，目前完成的還只有《中國古代衣食住行》這一種。
王國維說王念孫欲為《釋始》、《釋君》諸篇而未就，令人有
俄空之憾，然其所成之《釋大》已足示後人治詁訓之矩矱，
「蓋大家之書，足以啟迪來學者，固不以完闕異也。」（《觀
堂集林》399 頁，中華書局，1959 年出版）。從治學方法
的角度，我想只好以觀堂之論暫釋老師不能遂其初願的遺
憾了。

　　以上是我再次學習《中國古代衣食住行》的體會，出版
社和責編還命我介紹一下這本書出版以來的社會影響。囿
於見聞，我就不敢置喙了。我只知道國外的一些學者曾多
次來信向老師索要此書，這當然不足據以論其「影響」。我
還知道，在此前此後所公開刊行的一些談古代文化的書本
（恕我就不稱之為「論著」了）不重事實者有之，以洋說中者
有之，斷章取義者有之，歪批錯解者有之（當然，襲用老師
的論述而不注明者亦有之）。不是還有把《爾雅‧釋詁》中
的文字斷句為「林烝、天帝」，從而判定古人把樹林稱為上
帝的嗎？所以，我非常理解那些在沒有購到《中國古代衣
食住行》而圖書館所藏又很不容易借到的情況下不得不破

費複印此書的學生。出版社慧眼識珠，決定重版此書，於
這些學生不啻福音，我這裡預先替他們為出版社喝彩。

2001 年 11 月 11 日匆識於香山

目　錄

i　　／ 再讀《中國古代衣食住行》記 (朱小健)

1　　／ 寫在前面

第一編　服裝和佩飾

3　　／　　（一）頭衣

4　　／　　　1. 冠

7　　／　　　2. 冠的形制和部件

9　　／　　　3. 冕、弁

10　　／　　　4. 胄

12　　／　　　5. 頭衣的質料

14　　／　　　6. 平民百姓的頭衣

19　　／　　　7. 婦女的頭飾

22　/　（二）體衣

22　/　　1. 衣與裳

28　/　　2. 寒衣

34　/　　3. 上衣的形制和部件

41　/　　4. 脛衣

46　/　　5. 製衣的質料

54　/　（三）足衣

54　/　　1. 鞋

61　/　　2. 襪

62　/　　附：寢衣

63　/　（四）佩飾

63　/　　1. 玉

66　/　　2. 其他

第二編　飲食和器皿

71　/　（一）主食

79　/　（二）肉食

87　/　（三）烹調

98　/　（四）酒

106　/　（五）食器和飲食習慣

第三編　宮室和起居

122 　/　 (一) 宮室

122 　/　 1. 穴居與版築

126 　/　 2. 城市佈局

131 　/　 3. 庭院

137 　/　 4. 堂室

143 　/　 5. 其他建築

147 　/　 6. 室內

149 　/　 (二) 陳設和起居

149 　/　 1. 室內陳設

155 　/　 2. 起居習慣

162 　/　 (三) 觀闕園林

第四編　車馬與交通

170 　/　 (一) 車與馬

176 　/　 (二) 車的部件和馬飾

176 　/　 1. 車的部件

181 　/　 2. 車的附件

183 　/　 3. 馬飾

184　／　(三) 乘車的禮俗

184　／　　1. 立乘與馭馬

189　／　　2. 乘車位次

190　／　　3. 超乘

192　／　(四) 車的種類

192　／　　1. 牛車、羊車

194　／　　2. 棧車、輜車、安車、溫車、傳車、輦

197　／　(五) 兵車

201　／　(六) 步行

207　／　(七) 道路

寫在前面

這並不是一本對古代典章制度進行考證的著作；雖然其中時而也有些異於成說的一得之見，但主要的還是從古代詩文中把常見的事實加以概括，並力求通俗地介紹給讀者。

在長期從事古代漢語和訓詁學的教學過程中，常常發現學生閱讀古書的障礙並不完全是由於古今語言的隔膜。有時，古書中的句法、詞兒都懂得了，但對原文的理解卻還隔着一層。其所以如此，原因之一就是現在的青年對古人生活的情況缺乏了解。語言方面的生疏，還可以憑藉着多讀和查工具書幫助克服，而關於典章制度，則幾乎沒有專為今人而寫的書可資參考。典章制度的範圍很廣，上自天文，下至地理，舉凡職官、朝儀、婚嫁、喪葬、學校、科舉等等，上層建築的許多領域，都包括在其中。哪些是一般的讀者（例如從事與古代文化有關的工作的同志、語文教師、喜歡讀點

古代詩文的人們）所常見、所急需，同時也容易理解的呢？
我覺得是服飾、飲食、宮室和車馬等方面。

　　編寫時考慮到讀者水平不一，在有的地方徵引了一些前
人的說法，而對所引詩文又隨時略加注釋。前者是為具有一
定閱讀古書能力的人着想：藉此擴大點兒知識面，理解得深
些；後者則係針對接觸古書機會較少的人而設。一人難調百
人口。我想，這樣做或許能適應更多的讀者的需要吧。

第一編　服裝和佩飾

（一）頭衣

我們之所以沿用「頭衣」這個古代的說法，而不說「帽子」，是因為上古文獻中沒有「帽」字。直至秦漢時期，頭衣還沒定名為帽（冒）。

古代的頭衣又稱元服。因為元本指頭。《左傳·僖公三十三年》：「〔先軫（晉大夫）〕免冑入狄師，死焉。狄人歸其元，面如生。」《儀禮·士冠禮》：「令月（好月份）吉日始加元服。」鄭玄注：「元，首也。」《漢書·昭帝紀》：「〔元鳳〕四年春正月丁亥，帝加元服。」頭衣，元服，都是統稱。細分起來，上古貴族男子的頭衣有冠、冕、弁。

1. 冠

| 冠　元服　免冠　弱冠　結髮 |
| 束髮　髻　髡　蒼頭 |

冠 (guān)＊，是一般貴族所戴的普通帽子。男子長到二十歲要行冠禮。《禮記・曲禮上》：「男子二十，冠而字。」(「冠」與「字」都是動詞。冠讀去聲。字，另取別名。) 行冠禮時有很繁縟的儀節。少年男子一經行過冠禮，社會和家庭就按成人的標準要求他了，他的一舉一動都要合於封建道德。正因為如此，所以古人把戴冠看成是一種「禮」。《晏子春秋・內諫下》：「首服 (元服) 足以修敬，而不重也。」《晉語》：「人之有冠，猶宮室之有牆屋也。」於是冠就成了貴族的常服。《左傳・哀公十五年》記述衛國內亂，子路被人砍斷了繫冠的纓，他說：「君子死，冠不免。」於是，停下戰鬥來「結纓」，被對方殺死了。在當時的貴族社會中，當冠而不冠是「非禮」的。例如《晏子春秋・內篇雜上》載：「〔齊〕景公……被髮，乘六馬，御婦人，以出正閨。刖跪擊其馬而返之，曰：『爾非吾君也。』景公慚而不朝。」(閨：宮門。刖跪：因罪被砍去腳的人，這裡指受過刖刑而守閨門的人。) 不僅帝王將相如此，

＊ 本書中漢語拼音為編輯所加，旨在便於讀者閱讀。

有「教養」的平民也如此。《後漢書‧馬援傳》載，馬援未做官時「敬事寡嫂，不冠不入廬」。

這種規矩一直貫穿在整個封建社會中。陸游《老學庵筆記》卷二：「先左丞平居，朝章（朝服）之外，惟服帽衫。歸鄉，幕客來，亦必著帽與坐，延以酒食。伯祖中大夫公每赴官，或從其子赴仕，必著帽，遍別鄉曲。」如果犯了罪，就如同奴僕罪犯，不應戴冠。所以當戰國時的趙國公子平原君得罪了信陵君，信陵君準備離開趙國時，平原君要「免冠謝，固留公子」。（《史記‧魏公子列傳》）摘去冠，以示自己有過錯，自降身份。

正因為冠是貴族到了一定年齡所必戴，所以也就成了他們區別於平民百姓的標誌，成了達官貴人的代稱。李白《古風》二十四：「路逢鬥雞者，冠蓋何輝赫。」（蓋：車蓋。）鮑照《代放歌行》：「冠蓋縱橫至，車騎四方來。」如果與「童子」等表示年齡的詞語對稱，「冠」的意思便偏重於指成人（當然也不是庶民）。《論語‧先進》：「冠者五六人，童子六七人，浴乎沂，風乎舞雩。」（沂：水名，在今山東省。風：吹風、乘涼。舞雩：祭神求雨的壇。）《曲禮上》又說：「人生十年曰幼，學；二十曰弱，冠。」意思是從十歲到不滿二十是幼年，任務是學習；二十至二十九歲是弱年，進入這個階段時要行

冠禮。後代即以「弱冠」連稱表示年歲。王勃《滕王閣序》：
「等終軍之弱冠。」按，《漢書・終軍傳》載，終軍年十八選
為博士弟子，謁者給事中，幾年後，「自請願受長纓，必羈南
越王而致之闕下」。王勃所說的「弱冠」就是指二十多歲。同
時，因為戴冠就要束髮，所以古人又用「結髮」、「束髮」表示
二十歲。如《史記・主父偃列傳》：「臣結髮遊學四十餘年。」
陳子昂《感遇》三十四：「自言幽燕客，結髮事遠遊。」

　　古人不戴冠的只有四種人：小孩、罪犯、異族人和平民。

　　先說小孩。「二十而冠」，二十歲以前則垂髮，稱為髫。
《後漢書・伏湛傳》：「髫髮厲志，白首不衰。」李賢注：「髫
髮，謂童子垂髮也。」陶潛《桃花源記》：「黃髮垂髫，並怡
然自樂。」（黃髮：指老人。老人長出黃色的頭髮，是有壽之
徵。）古人是不剪髮的，小孩的頭髮長了，就緊靠着髮根紮
在一起，類似後代的「鳳尾頭」散披於後，這就叫做總髮。
如果不是把頭髮紮成一束，而是紮成左右兩束，類似後代的
抓髻兒，就叫總角，因為它像獸的兩隻角。《詩經・氓》：「總
角之宴，言笑晏晏」，即以總角指年幼之時。

　　再說罪犯。古代有一種刑罰叫髡，即剃去頭髮。當時的
奴隸多為受了刑罰的罪人，既已剃髮，自然不用頭衣。未受
過髡刑的奴隸通常是青布束頭，所以「蒼頭」也是奴隸。《漢

書·鮑宣傳》:「蒼頭盧兒,皆用致富。」顏師古引孟康曰:「漢名奴為蒼頭,非純黑,以別於良人也。」上古軍隊也多由奴隸組成,同樣以青布裹頭,所以有蒼頭軍之稱。《戰國策·魏策》:「今竊聞大王之卒,武力二十餘萬,蒼頭二十萬。」

留全髮、戴冠(平民戴巾),是當時中原地區的裝束,至於遠離中原、文化落後的地區,則以披髮為常。《論語·憲問》:「微管仲,吾其被髮左衽矣。」即以「被髮左衽」表示被「夷狄」統治同化。

關於平民的頭衣,下文另有專節敘述。

2. 冠的形制和部件

纚 縰 笄 簪 纓 緌 紘

說冠是帽子,是就戴在頭上而言,其實冠跟後代的帽子形制很不一樣。冠並不像現在的帽子那樣把頭頂全罩住,而是有個冠圈,上面有一根不寬的冠樑,從前到後覆在頭頂上。冠的作用也跟現在的帽子不同:主要是為把頭髮束縛住,同時也是一種裝飾。

要戴冠,就要先把束在一起的頭髮盤繞在頭頂處(髻),用纚(xǐ)把頭髮包住,然後加冠、笄(jī)、簪。纚後來又寫作縰。這是一塊整幅(二尺二寸寬)六尺長的緇帛(黑帛)。

因為戴冠必先以纚韜髮，所以古人有時稱纚以指冠。例如，揚雄《解嘲》：「戴纚垂纓而談者皆擬於阿衡」，戴纚即戴冠。阿衡是商湯的宰相伊尹，這句是說士大夫們都把自己比成古代的賢臣。

笄與簪是一個東西。先秦時叫笄，從漢代起叫簪。笄、簪的作用是橫插過頭髮與冠冕，使之固定。專用以固定頭髮的是髮笄，固定冠冕的叫衡（橫）笄。杜甫《春望》：「白頭搔更短，渾欲不勝簪。」頭髮短而稀少了，插簪就有了困難。

笄、簪是根細長扦子，一頭銳，一頭鈍，鈍的一頭並有突出的裝飾，一般是竹子做的，所以字從竹。為了防止冠冕掉下去，在冠圈兩旁有絲繩，可以在頷（下巴）下打結，把冠圈固定在頭頂上。這兩根絲繩叫纓。正因為纓關係着冠的固定與否，所以子路的纓被砍斷後，他為了不「免冠」才「結纓而死」。纓打結後餘下的部分垂在頷下，稱為緌（ruí），也是一種裝飾。繫冠還有另外一種辦法，即用絲繩兜住下巴，絲繩的兩頭繫在冠上，這根絲繩叫做紘（hóng）。

簪與纓既然為戴冠所不可少，所以在古代作品中常用以指代冠和戴冠之人（士大夫）。如杜甫詩：「空餘老賓客，身上媿簪纓。」朱敦儒《相見歡》：「中原亂，簪纓散，幾時收？」陶潛《和郭主簿（其一）》：「此事真復樂，聊用忘華簪。」鮑

照《代放歌行》：「冠蓋縱橫至，車騎四方來。素帶曳長飆，
華纓結遠族。」

3. 冕、弁

冕 旒 纊 紞 弁
皮弁 爵弁 綦

冕，《説文》：「大夫以上冠
也，邃延垂旒紞纊。」延，又寫
作綖，是一塊長方形的板。邃的意
思是深遠，這裡指其長形，延覆在頭上。旒 (liú)，又寫作瑬，
是延的前沿掛着的一串串小圓玉。纊 (kuàng) 是繫在冠圈上
懸在耳孔外的玉石，通常叫做瑱。紞 (dǎn) 是垂在延的兩側
用以懸纊的彩縧。旒、紞、纊都是冕的部件。

冕是天子、諸侯、大夫的祭服，後來只有帝王才能戴冕
有旒，於是「冕旒」就成了帝王的代稱。王維《和賈至舍人早
朝大明宮之作》：「九天閶闔開宮殿，萬國衣冠拜冕旒。」

弁 (biàn)，也是貴族戴的比較尊貴的頭衣，有皮弁、
爵弁之分。皮弁是用白鹿皮做的，由幾塊拼接而成，縫製的
形式類似後代的瓜皮帽，皮塊相連接處綴以許多五彩玉石，
稱為綦 (又寫作琪、璂、璟)。爵弁又稱雀弁 (爵即雀，二
字古字通)，是紅中帶黑色的弁，因其顏色與雀頭相近而得
名。據説爵弁的形制與冕略同，除顏色外只是無旒、頂上的

板前後相平而已（冕則前面略低）。據東漢的《釋名》則皮弁、
爵弁只是顏色不同，形制完全一樣。

　　冠、冕、弁雖是三物，但由於都是男子的頭服，大同小
異，所以冠又是三者的總名。

4. 胄

胄　兜鍪　盔

　　冠、冕、弁都是平時所服，如果是打
仗，就還要戴「胄」。胄（zhòu）是古名，
秦漢以後叫兜鍪（móu），後代叫盔。兜鍪係取名於胄的形狀
像鍪。鍪是一種炊具，圓底斂口反唇，即肚略大，鍪邊翻捲
着，很像現在帶翻邊的鍋。杜甫《垂老別》：「男兒既介胄，
長揖別上官。」（介：鎧甲。在這裡介、胄都當動詞用，指披
甲戴盔。）辛棄疾《南鄉子》：「年少萬兜鍪，坐斷東南戰未
休。」這是説孫權年紀輕輕就統率大軍，兜鍪指代戰士。

　　兜鍪也簡稱鍪。揚雄《長楊賦》：「鞮鍪生蟣蝨，介胄被
沾汗。」段玉裁認為鞮（dī）是履，鍪是兜鍪，他的話是對的。
兜鍪又寫作兜牟。《五代史·李金全傳》：「晏球攻王都於中
山，都遣善射者登城，晏球中兜牟。」

　　戴胄（兜鍪）時並不摘掉冠，而是在冠弁上加胄。頭上
戴着胄，見到尊者、長者就要摘掉。例如春秋時晉楚鄢陵之

戰：「郤至（晉臣）三遇楚子（楚王）之卒，見楚子必下，免冑
而趨風（疾趨如風）。楚子使工尹襄（楚臣）問（存問而有所
饋贈）之以弓。郤至見客（即工尹襄）免冑承命。」（《左傳·
成公十六年》）又如秦晉殽之戰前，秦軍路過周的北門：「左
右免冑而下，超乘者三百乘。王孫滿尚幼，觀之，言於王曰：
『秦師輕而無禮，必敗。』」（《左傳·僖公三十三年》）按照周
代禮儀，兩國交兵，一國之臣遇到對方的國君，仍要行君臣
之禮，即使俘虜對方國君時也不例外。郤至每遇楚王就脫去
冑，是按「禮」行事。工尹襄是楚君的代表，郤至同樣要「免
冑」致敬。秦軍免冑而跳下戰車，也是表示對周的敬意，那
麼王孫滿為甚麼還要批評他們「輕而無禮」呢？原來周是天
子（雖然此時已有名無實），軍隊路經天子所居之地要把武器
收藏起來，鎧甲捲起來，僅僅「免冑」是不夠的；車上的戰士
雖然下車了，卻又超乘而去，既不合乎「禮」，又表現出秦軍
的輕脫驕浮。（超乘：從急速行駛的戰車上跳下來，接着又
跳上車。）

　　冑不但保護頭頂，也能保護面部，因此戴上冑後別人就
看不清他的臉。從《左傳·哀公十六年》的這段記載可以看
出這一點：「〔葉公〕及北門，或遇之，曰：『君胡不冑？』（胡：
何。冑：戴冑。）國人望君若望慈父母焉。盜賊之矢若傷君，

是絕民望也，若之何不胄？』乃胄而進。又遇一人，曰：『君
胡胄？國人望君如望歲焉（歲：收成），日日以幾（幾：冀，
盼望）。若得君面，是得艾也（艾：止，指放心）。民知不死，
其亦夫有奮心，猶將旌君以徇於國，而反掩面以絕民望，不
亦甚乎？』乃免胄而進。」戴胄是為防矢，但卻「掩面」而不
可見；免胄是為了露出面容，這是古代的胄與今天的頭盔不
同的地方。

5. 頭衣的質料

瓊弁	玉纓	鷸冠
獬冠	高冠	危冠

　　　　　　　　冠在先秦時形制大體一致，但製
作的質料和加在上面的裝飾品卻有
多種；秦漢以後冠的形制不斷花樣翻
新，製作也更考究。這些大都是為了標誌身份地位或顯示財
富。對於冠的種類這裡不能一一介紹，僅舉先秦的幾個例子
以見一斑。《左傳·僖公二十八年》：「初，楚子玉自為瓊弁
玉纓，未之服也。先戰（指城濮之戰爆發前），夢河神（黃河
之神）謂己曰：『畀（給）余，余賜汝孟諸之糜（通「湄」，水
邊，孟諸之糜指宋地）。』弗致也。大心與子西使榮黃諫，弗
聽。榮季曰：『死而利國，猶或為之，況瓊玉乎？是糞土也。
而可以濟師（使軍隊成功），將何愛焉？』弗聽。」瓊弁，即

以美玉裝飾的弁；玉纓，是在纓上綴以玉石。子玉作為楚國
的當權者、主帥，竟捨不得用來祭河神，可見其寶貴了。又
《左傳·僖公二十四年》：「鄭子華之弟子出奔宋。好聚鷸冠。
鄭伯聞而惡之，使盜誘之。八月，盜殺之於陳宋之間。君子
曰：『服之不衷（適合），身之災也。』《詩》曰：『彼己之子，
不稱其服。』子臧之服不稱也。」以翠鳥的羽毛裝飾冠，一
定是很好看的，所以子臧竟好之成癖。同時這種鳥毛也很難
得，據說鷸產自南方（見《爾雅》注），所以子臧「聚」之。但
因為這種冠不合乎法度，所以鄭伯惡而殺之，而子臧也受到
「君子」（《左傳》作者所假託）的批評。

　　冠的形制有所變化的有：

　　　　楚文王好服獬冠，楚國效之。（《淮南子·主術
　　訓》。按《太平御覽》六百八十四卷作「楚莊王好觟
　　冠」。觟與獬通。）

　　　　高余冠之岌岌兮，長余佩之陸離。（《離騷》）

　　　　冠枝木之冠，帶死牛之脅。（《莊子·盜跖》）

　　　　使子路去其危冠，解其長劍而受教於子。（同上）

獬（觟）是傳說中的一種獨角獸，獬冠，可能即以其形類似

獬角而得名。按照周代禮制，冠的高度是有一定標準的。屈
原説「高余冠」，即加高冠樑，這是不同於凡俗的裝束。《盜
跖》是篇寓言性的作品，這裡引的兩句都是盜跖罵孔子
的話。「枝木之冠」，是説孔子的冠有很多裝飾，枝枝丫丫
就像樹枝；「危冠」即高冠，與「長劍」都是勇敢者所服。《經
典釋文》引李頤云：「子路好勇，冠似雄雞形，背負猳牛，
用表己強也。」這種冠不見於其他文獻，李頤大概係根據傳
説而作注。不管是不是雞形，既有危冠之名，盜跖並以去危
冠作為子路棄武從儒的表現，可見是一種特製的冠。至於高
適《聽張立本女吟》中所説的「危冠廣袖楚宮妝，獨步閒庭逐
夜涼」，則是由後代宮女的裝束想像出來的。在先秦，女人不
戴冠。

6. 平民百姓的頭衣

幘	陌頭	綃頭
㡊	幞頭	纏頭

　　上文説過，一般非貴族中人是不戴
冠的。但也要留全髮，上罩頭巾，稱為
幘。《説文》：「髮有巾曰幘。」《方言》：
「覆結（髻）謂之幘巾。」《釋名》：「幘，賾也，下齊眉賾然
也。」（賾然：幽深難見的樣子。）通過這些漢代著作的解説
我們可以知道，幘的作用是蓋住髮髻，可以一直蓋到前額。

應劭《漢官儀》上說：「幘者古之卑賤執事不冠者之所服也。」
又說：「孝武時天子以下未有幘，元帝額上有壯髮，不欲使
人見，乃使進幘，群寮隨焉。」（均見《太平御覽》所引，蔡
邕《獨斷》略同。）從漢代起幘為戴冠者所用，所以顏師古
注《急就章》時說：「幘者，韜髮之巾，所以整亂髮也。常在
冠下，或單著之。」整髮的作用和加冠的戴法都為漢以前所
未有。《漢官儀》還說：「幘本無巾，如今『半幘』而已。王
莽無髮，因為施巾，故里言曰：『王莽頭禿，施幘屋。』」（《獨
斷》略同）「本無巾」的話是不對的，既然它是「覆髻」、「韜髮」
的，當然不能只是一圈兒而不管頭頂。說用幘把頭頂蓋住始
於王莽，這是我們的先賢總喜歡把一個東西的創造發明權歸
於一位名人的毛病導致的誤會。

在古代文學、歷史文獻中不乏關於幘的記載和描述。例
如《漢書·東方朔傳》：「〔館陶公主〕徒跣頓首謝曰：『身當伏
誅，陛下不致之法，頓首死罪。』有詔謝主簪履，起之東箱，
自引董君（名偃，館陶公主的情夫），董君綠幘傅韝（射箭時
用的護臂，這裡指套袖一類的東西），隨主前，伏殿下。主乃
贊：『館陶公主胞（庖）人臣偃昧死再拜謁。』因叩頭謝。上
（漢武帝）為之起，有詔賜衣冠上。」顏師古注：「綠幘，賤
人之服也。」董偃帶幘著韝，是以奴僕身份謁見武帝，其實

他平時揮金如土，根本不是這種打扮；武帝既賜衣冠，等於賜給他一定的身份，默許了他與館陶公主的關係。李白《古風》之八：「綠幘誰家子，賣珠輕薄兒」，就是借用《東方朔傳》的「綠幘」，指靠不正當手段富貴驕橫的人。又如《後漢書・光武帝紀》：「三輔（京兆、馮翊、扶風）吏士東迎更始（指劉玄），見諸將過，皆冠幘（等於說戴幘），而服婦人衣諸于、繡䘇（jué，同裾。諸于、繡䘇皆衣名），莫不笑之。」三輔吏士之所以笑，即因為劉玄的部隊衣冠不整，將領還要戴賤者之幘。《世說新語・雅量》：「太傅（指謝安）於眾坐中問庾〔子嵩〕，庾時頹然已醉，幘墜几上，以頭就穿取，徐答云：『下官家故有兩娑千萬〔錢〕，隨公所取。』」又，「支道林還東，時賢並送於征虜亭。蔡子叔（名系）前至，坐（座）近林公；謝萬石後來，坐小遠。蔡暫起，謝移就其處。蔡還，見謝在焉，因合褥舉謝擲地，自復坐。謝冠幘傾脫，乃徐起振衣就席，神意甚平，不覺瞋沮。」這個例子說明，漢以後幘、冠可以並戴，也可以只戴幘。冠幘是古人很重視的服飾，一個幘墜而以頭就取，一個幘被人弄掉了而不急，都是「雅量」的表現，所以作者劉義慶特別把這些事寫出來。

古人的頭衣還有所謂陌頭。《方言》：「絡頭，帞頭也。自關而西，秦晉之郊曰絡頭，南楚江湘之間曰陌頭，自河

以北，趙、魏之間曰幧頭。」《釋名》：「綃頭，綃，鈔也。鈔（抄）髮使上從也。或曰陌頭，言其從後橫陌（陌，本義為道路，這裡指經過）而前也。齊人謂之㡉，言㡉斂髮使上從也。」帞即陌，絡與陌通，綃即幧。陌頭、綃頭、㡉，同物而異名，陌是就其纏法而言，綃是就其製料而言（生絲織成），㡉是就其功用而言。陌頭類似現在陝北農民用羊肚毛巾包頭的方法，從後而前，在額上打結。因為古人在頂上梳髻，這樣包頭能順髮勢兜住使不散下。陌又寫作鞨。《列子·湯問》：「南國之人祝（斷）髮而裸，北國之人鞨巾而裘。」《釋文》：「鞨音末。《方言》俗人『帕頭』是也。陌頭，幧頭也。」綃又寫作帩。《陌上桑》：「少年見羅敷，脫帽著帩頭。」這說明帩頭上面還可以戴帽。

因為綃頭是「俗人」所服，所以士族人常以著綃頭表示不做官。《後漢書·獨行傳》：「〔向栩〕少年書生，性卓絕不倫。恆（常）讀《老子》，狀如學道，又似狂生。好被髮著絳綃頭。」

古代還有幞頭。幞是陌的音變。陸游《老學庵筆記》卷九：「《孫策傳》：『張津常著絳帕頭』。帕頭者，巾幘之類，猶今言幞頭也。」《新唐書·輿服志》說：「幞頭起於後周，便武事者也。」其實自古庶民就用幞頭；大約從後周起正式進入

上層社會並加以美化，創造了多種形式。幞頭正式定名時，
除保留前額上的結（留有前腳）之外，又在腦後紮成兩腳，
自然下垂。《老學庵筆記》卷二：「予童子時見前輩猶繫頭巾
帶於前，作胡桃結。」可見到南宋時已取消了前邊的兩腳。
後邊的兩腳左右各一，用金屬絲紮起，襯上木片，稱為展腳
幞頭，為文官所戴；後邊的兩腳在腦後相交，稱為交腳幞頭，
為武官所戴。因為幞頭經常是用青黑色的紗做成，所以也叫
烏紗，即後代俗稱的烏紗帽。

　　古書上說的「角巾」，其實就是幞頭的原始形態。《晉書·
羊祜傳》：「既定邊事，當角巾東路歸故里。」《世語新說·雅
量》：「有往來者云：『庾公（指庾亮）有東下意。』或謂王公
可潛（暗中）稍嚴以備不虞。王公曰：『我與元規（庾亮的字）
雖俱王臣，本懷布衣之好。若其欲來，吾角巾徑還烏衣（王
氏家族在今南京的住地）。』」可見在南朝角巾是在野者的
常服。

　　由此，我們知道，古代說到戴在頭上的巾，所指的是經
過製作的，類似現代的帽子，與現在所說的手巾、毛巾不是
一類東西，雖然在上古是一巾兩用的（現在有些農村中還是
罩頭、洗拭共用一巾）。例如蘇軾《念奴嬌（赤壁懷古）》：「羽
扇綸巾，談笑間檣櫓灰飛煙滅。」綸巾後世又稱諸葛巾，就

是一種冠。又如《牡丹亭》第六齣:「這陸賈秀才,端然帶了
四方巾,深衣大襬去見漢高皇。」四方巾是明代的一種帽子,
呈四方形。

　　在古代詩詞中我們常見到「纏頭」一詞,這雖然不是陌
頭之類,但二者卻有淵源關係,在這裡附帶說一說。因為幘
巾之類都是以絲織品纏頭,所以贈人「纏頭」就跟給人湯沐、
脂粉錢一樣,不過是巧立的一種名目而已。《舊唐書·郭子
儀傳》:「大曆二年二月,子儀入朝,宰相元載、王縉、僕射
裴冕、京兆尹黎幹、內侍魚朝恩共出錢三十萬,置宴於子儀
第,〔代宗〕恩出羅錦二百匹為子儀纏頭之費,極歡而罷。」
因此,後來又把贈給妓女的絲綢也叫纏頭。白居易《琵琶
行》:「五陵少年爭纏頭,一曲紅綃不知數。」即使所贈並非
纏髮之物,也叫纏頭。陸游詩:「濯錦江邊憶舊遊,纏頭百萬
醉青樓(妓樓)。」既言「百萬」,可見是錢。

7. 婦女的頭飾

```
髻　搔頭　笄簪　步搖　釵
```

唐代以前婦女無冠,現
在戲台上用的鳳冠出現得
很晚。女子十五而笄,即同男子二十而冠一樣,把頭髮盤到
頭頂上用纚包住,插笄固定,表示從此成人,可以婚配了。所

以後代稱女子到了結婚的年齡為「及笄之年」或簡稱「及笄」。

人的頭髮有美好與不美好的差別。古代很重視婦女頭髮的美麗。《陳書·高祖紀》：「張貴妃髮長七尺，鬢黑如漆，其光可鑑（照出人影）。」古代尺短，但七尺也是難得的，因為陳高祖才「身長七尺五寸」。長了一頭又黑又長的頭髮，是一種自然的美，如果長得不理想呢，就用別人的好頭髮裝飾自己。《左傳·哀公十七年》：「初，公（指衛莊公）自城上見己氏之妻髮美，使髡，以為呂姜髢。」髢（dí）就是假髮。《詩經·鄘風·君子偕老》：「玼兮玼兮，其之翟也。鬢髮如雲，不屑髢也。」（玼：鮮明的樣子。翟：指翟衣，一種用羽毛裝飾的衣服。鬢：黑髮。）用「不屑髢」說明髮之濃黑如雲，可見如果稀少髮黃就要「髢」，當然這只是貴族的事。古人既要留全髮，如果有人生就的禿頂或頭髮脫落，為了要跟受髡刑的犯人區分，同時也為了美觀，當然就更需要假髮。所以揚雄《反離騷》：「資娵娃之珍髢兮，鬻九戎而索賴。」（娵：一說當作須，即閭須；閭須：魏王的美人。娃：吳娃，也指美女。鬻：賣。）這是說買下美女的頭髮到被髮（不需要髢）的地方去求利，是不會達到目的的。這是批評屈原保持着高潔的品行到楚國從政，又想實現自己的理想，是很不現實的。由此可見，在古代早就有賣美髮的事。《世說新

語‧賢媛》載，陶侃年輕時家境貧困，有一次，一位朋友在
冰雪天帶着很多僕從來投宿，陶家一無所有，無法招待，「侃
母湛氏語侃曰：『汝但出外留客，吾自為計。』湛頭髮委地，
下為二髲，賣得數斛米，斫諸屋柱，悉割半（鋸下柱子的半
邊）為薪，剉（鍘斷）諸薦（席子）以為馬草，日夕遂設精食，
從者皆無所乏。」賣髲所得足以這樣招待客人，説明古代的
髲是相當珍貴的。

　　婦女的笄簪是很講究的。《周禮》上有天子用「玉笄」的
説法（見「弁師」、「追師」）。《西京雜記》：「武帝過李夫人，
就取玉簪搔頭，自此宮人搔頭皆用玉，玉價倍貴焉。」後代
因此又稱簪為「搔頭」，馮延巳《謁金門》：「鬥雞闌干獨倚，
碧玉搔頭斜墜。」笄、簪後來稍稍演變就是釵，釵不過是兩
個細尖（很像叉子）的簪罷了。

　　簪子上不但鑲以珠玉，後來又在簪的根部綴上珠玉垂下
來，稱步搖，因為人一動它就搖晃。白居易《長恨歌》：「雲
鬢花顏金步搖，芙蓉帳暖度春宵。」

　　當然，以上所説的都是貴婦人的首飾，至於窮苦人，就
只能用骨、竹乃至荊條作簪、釵。李山甫《貧女詩》：「平生
不識繡衣裳，閒把荊簪益自傷。」王安石《杏花詩》：「野女強
簪（同簪）看亦醜，少教憔悴逐荊釵。」《列女傳》載，後漢梁

鴻的妻子「荊釵布裙」，也是因為梁鴻家貧，而且他立志隱居
深山，希望妻子是「裘褐之人」。後代以「拙荊」為對人謙稱
自己妻子的詞兒，其中「荊」即「荊釵」之省。

(二) 體衣

1. 衣與裳

衣	襦	袴	袨	深衣	襌	袷	衫
褻衣	澤						
褐	襲	正服	袒				
襜褕	衫	裲襠					
裳	裙						

當衣與裳並
舉時，衣指上衣。

短上衣叫襦
(rú)。《説文》:
「襦，短衣也。一
曰㬉衣。」㬉衣
就是暖衣，意思是説襦是禦寒衣。襦又有長襦、短襦的區別。
長襦稱褍，童僕的長襦叫袨，短襦又叫腰襦。但是在古代作
品裡一般只稱襦，不分長短。例如辛延年《羽林郎》:「長裙
連理帶，廣袖合歡襦。」《世説新語・夙惠》:「韓康伯數歲，
家酷貧，至大寒，止得襦，母殷夫人自成之。」蘇軾《喜雨亭
記》:「使天而雨珠，寒者不得以為襦；使天而雨玉，飢者不
得以為粟。」但詩文中卻説「腰襦」。例如《孔雀東南飛》:「妾

有繡腰襦，葳蕤自生光。」「小襦」可能就是腰襦。杜甫《別李義》：「憶昔初見時，小襦繡芳蓀。」

既然襦本身就有長有短，為甚麼又説襦是「短衣」呢？這是與「深衣」相對而言的。《禮記》有《深衣》篇，《經典釋文》引鄭玄注：「深衣者連衣裳而純之以采也。」（純：鑲衣邊。）《深衣》説：「短毋見膚，長毋被土。」深衣長至踝部，襦與之相比，的確是短衣。鄭注又説：「有表則謂之中衣，以素純則曰長衣也。」這是説「深衣」一物而兩名，就其外面還加罩衫而言，又叫中（內）衣。可見深衣是貼身穿的。（表：在外面再加一件衣服。素：沒有顏色的帛。）

襦是一般人（包括奴僕）平時所服，深衣（中衣，長衣）則是貴族上朝和祭祀時穿的，庶人以深衣為禮服。

古代上衣也有單、夾之分。《説文》：「襌，衣不重。」「袷（夾），衣無絮。」《世語新説·夙惠》：「晉孝武年十二時，冬天晝日不著複衣，但著單練衫五六重。」古詩《婦病行》：「亂曰：抱時無衣，襦復無裡。」《釋名》：「有裡曰複，無裡曰襌」。襦而沒有裡子，那是已經破爛成單衣了。複襦也可在裡面加絮（依王念孫説，見《廣雅疏證·釋器》）。《孤兒行》：「冬無複襦，夏無單衣。」這個複襦可能就指有絮的襦。《世說新語·方正》：「山公（名該）大兒著短袷車中倚。」短

袷恐即無絮的複襦。單衣（襌）又叫衫。《孟子·盡心下》：「舜之飯糗（乾糧。詳下）茹（吃）草也，若將終身焉，及其為天子也，被袗衣，鼓琴。」

貼身穿的上衣又稱為「褻衣」。《漢書·敘傳》：「夫餓饉流隸，飢寒道路，思有短褐之褻，儋（擔）石之畜（蓄），所願不過一金。」顏注：「褻謂親身之衣也。」司馬相如《美人賦》：「女乃弛其上服，表（露出）其褻衣。」褻衣也就是中衣，古代寫作衷衣。《説文》：「衷，裡褻衣。《春秋傳》曰：『皆衷其衵服。』」「衷」即貼身穿，衵即貼身衣，也就是褻衣。《紅樓夢》第六回：「〔襲人〕趁眾奶娘丫環不在房時，另取出一件中衣，與寶玉換上。」褻衣又稱為「私」。《説文》：「褻，私服也。」《詩經·周南·葛覃》：「薄污我私，薄澣我衣。」（污，等於説費力地洗。）又稱澤，是因為貼身而沾汗澤。《釋名》：「汗衣，詩謂之澤，受汗澤也。」《詩經·秦風·無衣》：「豈曰無衣，與子同澤。」鄭箋：「澤，褻衣，近污垢。」

古代的罩衣叫裼（xī）。《禮記·玉藻》：「君衣狐白裘，錦衣以裼之……君子狐青裘豹褎（同袖），玄綃衣以裼之……犬羊之裘不裼。」這是説國君和貴族穿狐皮的裘，都要罩上與狐毛顏色相宜的裼衣。庶人穿犬羊之裘，不加裼。裼的作用是給衣着增添文飾。《玉藻》：「不文飾也，不裼。裘之襲

也，見美也。」鄭玄注：「裼，主於有文飾之事。」襲，即衣上加衣。衣加文飾是一種禮儀的要求，所以《玉藻》又説：「君在則裼，盡飾也。」例如《左傳・哀公十七年》載，衛太子疾要殺掉渾良夫，衛侯説，當初跟渾良夫訂盟，允許免除渾良夫的三次死罪，於是太子疾讓渾良夫陪着衛侯進食，「良夫乘衷甸、兩牡、紫衣、狐裘，至，袒裘，不釋劍而食。太子使牽以退，數之以三罪而殺之。」三罪即衷甸（卿乘坐的車）、紫衣（國君之服）、袒裘帶劍（對君不敬）。所謂袒裘，即解開裼衣露出了狐裘，這是很「不禮」的。

　　裼衣外還可以再加上一層外衣，謂之正服。《左傳・哀公十七年》孔穎達疏：「裼衣之上乃有朝祭正服，裘上有兩衣也。」如果脱去最外面這件衣服，又露裼衣呢？也叫裼，或稱袒裼。《儀禮・聘禮》：「賓出，公側授宰玉，裼，降立。」鄭注：「裼者，免上衣，見（現）裼衣。」《內則》：「不有敬事，不敢袒裼。」由於袒裼是脱去外面的正服露出裼衣，所以又引申為脱掉衣服露出肌膚。《孟子・公孫丑上》：「故曰，爾為爾，我為我，雖袒裼裸裎與裸同義）於我側，爾焉能浼（污）我哉！」「袒」的本義就是露體。《禮記・曲禮上》：「冠毋免，勞毋袒。」孔疏：「袒露身體。」袒又專指露出臂膀。《漢書・高帝紀》：「於是漢王為義帝發喪，袒而大哭。」顏注：「袒謂

脫衣之袖也。」脫衣之袖為袒，袖有左右，因此又有左袒、右袒之分。《儀禮‧覲禮》載，諸侯向天子請罪，「乃右肉袒於廟門之東」。鄭注：「右肉袒者，刑宜施於右也。」《史記‧廉頗藺相如列傳》：「廉頗聞之，肉袒負荊（荊條，可以當鞭子，表示甘願受罰），因賓客至藺相如門謝罪。」廉頗也應是右袒。鄭注又說：「凡以禮事者左袒。」《禮記‧檀弓下》：「延陵季子適（往）齊，於其反也，其長子死……既封（堆起墳頭），左袒。」紅白喜事都是「禮事」，所以左袒。據此，劉邦哭義帝時也應該是左袒。

　　附帶說說襜褕（chān yú）和衫。《釋名》：「襜，屬也，衣、裳上下相連屬也。荊州謂襌衣曰布襜，亦曰襜褕，言其襜褕宏裕也。」《史記‧魏其武安侯列傳》：「元朔三年，武安侯〔田蚡〕坐衣襜褕入宮，不敬，〔國除。〕」《索隱》：「襜褕謂非正朝服，若婦人服也。」《漢書‧外戚恩澤表》記載此事，顏師古注云：「襜褕，直裾襌衣也。」古書舊注一說襜褕為短衣，依據上述三家之說，恐怕還是衣、裳相連博大舒適的襌衣，為平日家居所穿。（關於「裾」，詳下。）

　　衫字的出現較晚。《說文新附》：「衫，衣也。」其實就是《說文》的襂字：「襂，衣博大。」《釋名》：「衫，芟也，芟無袖端也。」衣服博大穿着輕鬆，沒有袖端（即今舞台上古裝

的「水袖」，詳下），穿着方便（依今人黃焯先生說）。馬縞《中華古今注》：「古婦人衣裳相連。始皇元年，詔宮人及近侍官人皆服衫子，亦曰半衣，蓋取便於侍奉。」後代的衫即泛指長衫。如元稹《六年春遣懷之一》：「重行猶存孤枕在，春衫無復舊裁縫。」白居易《琵琶行》：「座中泣下誰最多？江州司馬青衫濕。」春衫蓋平日所穿，而青衫已是指官服了。

　　古代的上衣還有「襠」，也寫作當；又稱裲襠、兩當。《釋名》：「裲襠，其一當胸，其一當背也。」《廣雅‧釋器》：「裲襠謂之袹腹。」袹腹，《釋名》作帕腹，「橫帕其腹也。」《儀禮‧鄉射禮》：「福……其中蛇交，韋當。」（福，指插箭的器具。蛇交，畫成蛇身相交的圖案。韋：熟牛皮。）鄭注：「直（值）心背之衣曰當。」可見襠類似今天的背心、馬甲。但肩部稍寬，即《唐書‧車服志》所說「短袖覆膊」。《隋大業長白山謠》：「長白山頭知世郎，純著紅羅錦背襠。」《樂府‧企喻歌辭》：「前行看後行，齊著鐵裲襠。」沈約《歌辭》：「陽春二三月，單衫繡裲襠。」

　　裳，在《說文》為「常」的異體字。「常，下裙也。裳，常或從衣。」「帬（裙）」下云「下裳也」。常、裙二字互訓，說明裳就是裙。《詩經‧小雅‧斯干》：「乃生男子，載寢之床，載衣之裳，載弄之璋。」鄭箋：「裳，晝日衣也。」又《豳風‧

七月》：「八月載績，載玄載黃，我朱孔陽，為公子裳。」《釋
名》：「裙，下裳也。裙，群也，聯接群幅也。」怎樣聯接群
幅呢？《儀禮‧喪服》鄭注：「凡裳，前三幅後四幅也。」古
代布帛幅窄，只有二尺二寸。七幅，計十五尺四寸。古代尺
短，即使如此，折合成今尺也有四米多了。

2. 寒衣

> 裘　袍　襯

以上介紹的都是單、夾衣，下面談談冬
季禦寒的衣服。

(1) 裘

古人最常見的冬服是裘。

裘是皮衣，毛向外，所以《說文》在「表」字下說：「古者
衣裘以毛為表。」上文說過，貴族穿裘，在行禮或待客時要
罩上裼衣以增加服飾的文采。這是因為獸毛外露，通體一個
顏色，不好看。例如《周禮‧司裘》：「掌為大裘，以共 (供)
王祀天之服。」鄭眾注：「大裘，黑羔裘，服以祀天，示質。」
所謂質，即樸實無華。

用以做裘的皮毛多種多樣，例如狐、虎、豹、熊、犬、
羊、鹿、貂，後來還有狼裘、兔裘等。其中狐裘和豹裘最為
珍貴，為達官貴人所服，鹿裘、羊裘則最一般。例如《呂氏

春秋‧分職》:「衛靈公天寒鑿池,宛春諫曰:『天寒起役,恐傷民。』公曰:『天寒乎?』宛春曰:『公衣狐裘,坐熊席,陬隅(屋角)有灶,是以不寒。民則寒矣。』公曰:『善!』令罷役。」《左傳‧襄公十四年》:「右宰穀從而逃歸,衛人將殺之。辭曰:『余不說初矣,余狐裘而羔袖。』乃赦之。」穀是衛國大夫,衛獻公逃往齊國,他先跟從逃亡,後來又回到衛國,國內反對獻公的一派要殺他,他說當初就不願意出亡,並以狐裘羔袖打比方,衛人果然饒了他。杜預解釋道:「言一身盡善,惟少有惡,喻己雖從君出,其罪不多。」狐裘是珍貴的,只有袖子是羔皮,所以用來比喻過失是局部的。

　　狐裘的價值也並不一,狐腋下之皮毛最為輕暖,因而是最高級的。狐腋純白,所以又稱狐白裘。古書中提到這種裘的地方很多,都反映了服之者的高貴身份。如《晏子春秋‧外篇》:「〔齊〕景公賜晏子狐白之裘,玄豹之茈(同祇、袛,指衣邊),其資(價值)千金。」《史記‧孟嘗君列傳》:「〔秦昭王〕囚孟嘗君,謀欲殺之。孟嘗君使人抵昭王幸姬求解。幸姬曰:『妾願得君狐白裘。』此時孟嘗君有一狐白裘,直千金,天下無雙,入秦獻之昭王,更無他裘。」一裘千金並非誇張,齊景公賜給晏子的也是如此昂貴。《墨子‧親士》:「江河之水,非一源之水也;千鎰(二十四兩)之裘,非一狐之

白也。」(《説苑》等書中也有這類的説法。) 就是李白《將進酒》中説的「五花馬，千金裘，呼兒將出換美酒，與爾同銷萬古愁」，也並不能以「吹牛」視之。

狐、貂、貉所製的裘既然名貴，所以在古代作品裡就拿來做富有的象徵。例如高適《營州歌》：「營州少年厭原野，狐裘蒙茸 (毛亂的樣子) 獵城下。」杜甫《自京赴奉先縣詠懷五百字》：「煖客貂鼠裘，悲管逐清瑟。」陸游《三月十七日夜醉作》：「去年射虎南山秋，夜歸急雪滿貂裘。」《論語‧子罕》：「子曰：『衣敝縕袍，與衣狐貉者立而不恥者，其由 (由：子路的名) 也與？』」「衣狐貉」即穿着名貴的狐皮或貉皮的裘。

因為這些皮料又輕又暖，所以又統稱輕裘、輕暖。《論語‧公冶長》：「子路曰：『願車馬，衣輕裘，與朋友共，敝之而無憾。』」《孟子‧梁惠王上》：「抑輕暖不足於體與？」蔡邕《衣箴》：「今人務在奢，嚴志好美飾。帛必薄細，衣必輕暖。」

上面提到的「羔裘」是羊皮衣中的高級品，與一般的羊裘不能並論。《左傳‧昭公二十九年》：「〔魯昭公〕賜公衍羔裘，使獻龍輔 (玉名) 於齊侯，遂入羔裘，齊侯喜，與之陽谷。」齊侯因得一件羔裘而把陽谷邑給了公衍，雖不能説這羔裘價值連城，但其貴重也很可觀了。《論語‧鄉黨》：「緇衣，羔裘。」皇侃疏：「是君臣日視朝之服也。」至於羊裘就

不同了。《淮南子·齊俗訓》：「貧人則夏披葛帶索」，「冬則羊裘解札」。因此衣羊裘常常說明一個人的貧困。《史記·劉敬列傳》：「婁敬（後改姓劉）脫輓輅，衣其羊裘，見齊人虞將軍曰：『臣願見上（指劉邦）言便事。』虞將軍欲與之鮮衣，婁敬曰：『臣衣帛，衣帛見；衣褐，衣褐見，終不敢易衣。』」婁敬把羊裘跟「褐」（粗麻、毛的編織品，詳下）相提並論，而又與「鮮衣」、「帛」相對而言，可見確為貧者所服。《後漢書·馬援傳》：「〔援〕至有牛馬羊數千頭，穀數萬斛……乃盡散以班（頒）昆弟故舊，身衣羊裘皮絝。」這是說馬援自己生活簡樸。羊毛可以做氈，羊裘日久，毛變得板硬也像氈，所以羊裘又稱氈裘，多用以表現北方的生活。《史記·蘇秦列傳》：「君誠能聽臣，燕必致氈裘狗馬之地。」（《戰國策》略同）蔡琰《胡笳十八拍》：「氈裘為裳兮骨肉震驚。」

　　鹿裘也是粗劣之裘，大約是因為上古中原地區鹿較易得而皮又不如狐、羔輕暖的緣故。《列子·天瑞》：「孔子遊於太山，見榮啟期行乎郕之野，鹿裘帶索（用繩子繫腰）。」《史記·自序》：「夏日葛衣，冬日鹿裘。」《淮南子·精神訓》：「文繡狐白，人之所好也；而堯布衣揜（掩）形，鹿裘禦寒。」《晏子春秋·外篇》：「晏子相〔齊〕景公，布衣鹿裘以朝。公曰：『夫子之家，若此其貧也，是奚（何）衣之惡也？』」

(2) 袍、襺

袍、襺（同繭）也是禦寒之服。《説文》:「袍,襺也。《論語》曰:『衣敝緼袍。』」「襺,袍衣也。以絮曰襺,以緼為袍。」《禮記·玉藻》:「纊為繭,緼為袍。」鄭注:「衣有著之異名也。纊謂今之新綿也,緼謂今纊及舊絮也。」《説文》:「緼,紼也。」「紼,亂枲也。」綜合起來看,袍與襺的區別在於絮（「著」）在衣服裡子與面子之間的東西不同,絮新絲綿的叫繭（襺）,絮亂麻和舊絲綿的叫袍。顯然,袍是比較低級的。《詩經·秦風·無衣》:「豈曰無衣,與子同袍。」這首詩寫的是即將走上戰場的戰士,彼此間相互鼓勵。袍是戰士所服。《論語·子罕》:「衣敝緼袍,與衣狐貉者立而不恥者,其由也與?」緼袍而且破,跟狐貉之裘形成了鮮明的對比。《後漢書·羊續傳》載,漢靈帝想讓羊續當太尉。按當時的習慣,羊續應該獻上一千萬錢,而且對皇帝派來取錢的人也要送大筆錢財,但羊續「乃坐使人於單席,舉緼袍以示之,曰:『臣之所資,惟斯而已。』左右白之,帝不悦,以此故不登公位」。羊續以簡樸不貪著稱,在這以前他任南陽太守時,即「常敝衣薄食,車馬羸敗,其資藏惟有布衾、敝袛裯,鹽麥數斛而已」。亂麻和舊綿絮做成的緼袍,正與他的性格和生活狀況相符。《史記·范睢蔡澤列傳》載,范睢改名張祿,在秦做相,

魏之須賈出使到秦，范睢裝成傭人的樣子去看他，須賈説：「范叔一寒如此哉！」「乃取一綈袍以賜之。」綈是較粗糙的絲織品，這裡的袍也是縕袍，對於「為人庸賃」的勞動者來説，已是很好的寒衣了，所以後來范睢在數落了須賈的過錯之後説：「公之所以得無死者，以綈袍戀戀，有故人意，故釋公。」

繭（襺）則比較高級。《左傳‧襄公二十一年》：「方暑，闕地下冰而床焉，重繭衣裘，鮮食而寢。」這是記述楚國的申叔豫裝病的情況。暑天穿了兩件繭，又套上裘，以示身體極為虛弱，但又熱得受不了，所以在地上挖坑，放下去冰塊，再擺臥具躺在上面。杜預解繭為棉衣，孔穎達説是新絲綿絮的袍子，都與《説文》、鄭注相合。絮是由繭抽繹而成的，所以把綿絮也叫繭，再進而把絮綿的袍子叫繭，這是很自然的。段玉裁説：「絮中往往有小繭，故絮得名繭。」這倒不見得，有小繭的絮是製造得粗糙的或是今之所謂「絲綿頭兒」。

古人的絲綿絮在穿髒了以後要在河面上洗。《莊子‧逍遙遊》：「宋人有善為不龜手之藥者，世以洴澼絖（纊）為事。」《經典釋文》引李頤説：「洴澼絖者，漂絮於水上。」洴澼又叫漂。《史記‧淮陰侯列傳》：「信釣於城下，諸母漂，有一母見信飢，飯信，竟漂數十日。」《集解》引韋昭説：「以水擊絮為漂。」這兩個例子同時説明，遠在先秦和漢代就有

人以洗絲絮為業，足見以絲絮做衣、拆洗絲綿衣在當時是很普遍的。

袍有另一種含義。《廣雅‧釋器》：「袍，長襦也。」《釋名》：「袍，丈夫著，下至跗（腳背）者也。袍，苞也。苞內衣也。婦人以絳作，衣裳上下相連，四起施緣，亦曰袍。」《禮記‧喪大記》：「袍必有表，不襌，衣必有裳，謂之一稱。」（表：指罩衣。一稱：等於說一副、一套。）鄭注：「袍，褻衣，必有以表之乃成稱也。」清人任大椿《深衣釋例》說：「蓋袍為深衣之制，特燕居便服耳，故云褻衣。若無衣以表之則不成稱。」這樣看來，另一種袍類似後來的長袍、大褂，單層，因為是貼身穿的，不便裸露，所以要在外面再加一層衣。這和現在不宜穿着睡衣襯褲見客是一個道理。

3. 上衣的形制和部件

衣領	交領	直領			
衣襟	右衽	左衽	襘	衿	襟
衣裾					
袖子	褎	長袖	廣袖	袂	袪
衣帶	大帶	肇	革帶	紳	

（1）衣領

古代的衣領有兩種。最常見的是交領，即衣領直連左右衣襟，衣襟在胸前相交，領子也隨着相交。

現在舞台上古裝戲的男子服裝多是交領。另一種是直領，即領子從頸後沿左右繞到胸前，平行地直垂下來，也就是古裝戲裡的女子服裝或官員、員外等在家時穿的那種衣服。《方言》：「袒飾謂之直衿（領）。」郭璞注：「婦人初嫁所著上衣直衿也。」《漢書・景十三王傳》：「時愛（榮愛，廣川王之姬）為去（劉去，廣川王名）刺方領繡。」晉灼注：「今之婦人之直領也。繡為方領上刺作黼黻文。」

(2) 衣襟

衣襟是與領相應的。交領的衣襟向右掩（即左襟壓右襟），在右腋下用兩根細帶相繫。衣襟又稱衽，所以《論語・憲問》說：「微管仲，吾其被髮左衽矣。」右衽是中原地區之服，左衽與被髮都是邊遠、文化不發達地區的服飾。後代即以「左衽」指不服從朝廷的遠方敵人。《陳書・宣帝紀》：「左衽已甦，干戈載戢。」

衽又稱裣、衿、襟。《說文》：「衽，衣裣也。」「裣，交衽也。」《爾雅・釋器》：「衣眥謂之襟。」（眥：眼眶，這裡指兩衽相交處。）因為衣領與衣襟是同一幅布連裁下來的，衣襟相交，領也就相交，所以古人說「交領」也就是指「襟」。進而襟（衿）又可以指衣領。《詩經・鄭風・子衿》：「青青子衿，悠悠我心。」《毛傳》：「青衿，青領也。」孔疏：「衿是

領之別名。」但在古代作品中提到的襟，含義一般都與今天相同。例如杜甫《蜀相》：「出師未捷身先死，長使英雄淚滿襟。」《漢書‧蘇武傳》：「李陵曰：『……嗟乎，義士！陵與衛律（本胡人，由漢降匈奴，封王）之罪通與天。』因泣下霑（沾）衿。」今天成語有「正襟危坐」，意即斂正衣襟端正地坐着。因為衣襟正當胸部，所以又說胸襟、襟懷。

（3）衣裾

在古代作品中還常常見到裾字。《漢書‧鄒陽傳》：「今臣盡智畢議，易精極慮，則無國不可奸（同干，干謁）；飾固陋之心，則何王之門不可曳長裾乎？」曹植《神女賦》：「踐遠遊之文履，曳霧綃之輕裾。」《晉書‧許允傳》：「〔許〕允入，須臾便起，妻捉裾留之。」又《溫嶠傳》：「溫嶠為劉琨右司馬，琨使嶠至江南奉表勸進，嶠欲將命，其母固止之，嶠絕裾而去。」對於裾到底是衣的前襟還是後襬，歷來說法不一。從上面所引的幾個例子可以得到證明：言曳，即拖着，顯然裾應在後；許允由坐而起，其妻自是以後捉之；溫嶠欲去，其母也必是從後捉裾，於是他才「絕裾」。

（4）袖子

袖字又寫作袂。古代的袖子較長，垂臂時手不露出，所以古代作品中常提到「長袖」。如《史記‧范睢蔡澤列傳》：

「韓子曰：『長袖善舞，多錢善賈。』信哉，是言也。」曹植《七啓》：「長袖隨風，悲歌入雲。」修有長的意思，所以又說「修袖」。張衡《南都賦》：「修袖繚繞而滿庭，羅襪躡蹀而容與。」曹植《洛神賦》：「揚輕袿之猗靡，翳修袖以延佇。」古代的袖子不但長，而且寬大，所以又稱「廣袖」。梁簡文帝《小垂手》：「舞女生西秦，躡影舞陽春。且復小垂手，廣袖拂紅塵。」梁元帝《歌曲名詩》：「縠衫回廣袖，團扇掩輕紗。」寬而長的袖子並非只是跳舞時所穿，《後漢書·馬廖傳》：「城中好大袖，四方全匹帛。」可見是社會風尚。《漢書·佞幸傳》載，董賢以儀貌受到漢哀帝的寵幸，「常與上（皇帝）臥起。嘗晝寢偏藉（壓住）上袖，上欲起，賢未覺（醒），不欲動賢，乃斷袖而起。」袖被壓而可剪斷，可見較長。古代作品中說奮袖、振袖、揮袖、拂袖，也都是因為袖子長。例如楊惲《報孫會宗書》：「奮袖低昂，頓足起舞。」張協《洛禊賦》：「振袖生風，接袵成幃。」《宋史·劉沆傳》：「〔沆〕奉使契丹，館伴杜防強沆以酒，沆霑醉，拂袖起，因罵之，坐是出知潭州。」也是因為袖大，所以可以藏物。《宋史·石元孫傳》：「賈昌朝因入對，探袖出《魏志·于禁傳》以奏。」《史記·信陵君列傳》寫信陵君去接管晉鄙的軍隊，朱亥「袖四十斤鐵槌，槌殺晉鄙」。裝書、藏槌，袖子窄小了是不行的。

袖又稱袂。《禮記・深衣》:「袂之長短,反詘之及肘。」這是說,袖子的長短標準是從手部向上反摺,要達到肘部,也就是袖長是臂長的一點五倍。這是「法定」的長度,在實際生活中未必如此嚴格。因為袂與袖同義,所以也就和「袖」一樣,可以說長袂、修袂、廣袂、奮袂、振袂、揮袂等。

古代還有「袪」,《說文》:「衣袂也。」清代朱駿聲在《說文通訓定聲》中說:「析言之則袂口曰袪,統言之則袪亦言袂也。」「析言之袖曰袂,袂口曰袪。」所謂袂口,即像今天古裝戲中的「水袖」。《左傳・僖公五年》:「公使寺人披伐蒲。〔重耳〕踰垣而走,披斬其袪,遂出奔翟。」孔疏:「其袂近口又別名為袪。此『斬其袪』,斬其袖之末也。」既然「統言」袪也指袖,所以在哪裡是專指,哪裡是泛指,就要結合上下文來判斷了。例如《詩經・鄭風・遵大路》:「遵大路兮,摻執子之袪兮。」又《唐風・羔裘》:「羔裘豹袪,自我人居居。」《毛傳》並云:「袪,袂也。」這是因為《遵大路》是寫挽留「君子」的,攬袖並不一定是非攬袖口不可。《羔裘》的下一章說,「羔裘豹褎」,兩章為避重、換韻而變字,這是民歌常用的手法,若解為袖口,反而顯得原詩囉唆了。

(5) 衣帶

古人的上衣外面要繫帶。《禮記・深衣》:「帶下毋厭(壓)

髀，上毋厭脅（肋骨），當無骨者。」《說文》：「帶，紳也。男子鞶帶，婦人帶絲。」又云：「紳，大帶也。」「鞶，大帶也。」鞶帶即革帶。綜合起來看，大帶用以束衣，革帶用以佩物，革帶不直接繫在身上而是繫到大帶上。至於《說文》之所以說鞶是大帶，那是因為「通言之，革帶亦或謂之大帶」。（孫詒讓《周禮正義》）

　　大帶可以用絲。《詩經·曹風·鳲鳩》：「淑（善）人君子，其帶伊絲。」鄭箋：「其帶伊絲，謂大帶也。大帶用素絲，有雜色飾焉。」根據《玉藻》可以知道，在上古，諸侯和大夫都用素絲帶，士用練（煮過而較潔白的絲），並飾以黑邊。後代有所謂金帶、玉帶，都是在帶上飾以金、玉，是官員的服飾。《老學庵筆記》卷一：「方臘破錢塘時，朔日，太守客次有服金帶者數十人，皆朱勔家奴也。」又，「紹興三年，兵革初定，始詔依故事服金帶。」《新唐書·王播傳》：「〔王播〕自淮西還，獻玉帶十有三，遂得再相。」

　　「紳」在《說文》中雖然也解為大帶，但《玉藻》說：「子游（孔子的弟子）曰：『參分帶下，紳居二焉。』」「凡侍於君，紳垂。」鄭注：「紳，帶之垂者也。」即紳是大帶結住後餘下下垂的部分，許慎的解釋是「統言」。《論語·衛靈公》：「子張問『行』。子曰：『言忠信，行篤敬……』子張書諸紳。」因

為紳是下垂部分，所以可以提起來臨時當做記錄本。又《鄉黨》：「疾，君視之，東首（頭向東躺着），加朝服，拖（拖）紳。」站着紳自然下「垂」，躺着只好「拖」。皇侃疏：「孔子既病，不能復著衣，故加朝服復之體上，而牽引（拖）大帶於心下，如健時著衣之為。」

古代作品中常常提到縉紳（搢紳、薦紳）。這是古代官員的裝束，因而也作為官員的代稱。《說文》：「縉，帛赤色也。」《後漢書・朱景王杜等傳》：「宰輔五世，莫非公侯，遂使縉紳道塞，賢能蔽壅。」顏師古據《說文》作注：「縉，赤色也。紳，帶也。或作『搢』，搢，插也，謂插笏於帶也。」（《說文新附》：「搢，插也。」）《史記・封禪書》：「其語不經（常）見，縉紳者不道。」《集解》：「李奇曰：『縉，插也。插笏於紳，紳，大帶。』」《索隱》：「姚氏云：『縉，當作搢。』鄭眾注《周禮》云：『縉讀為薦，謂薦之於紳帶之間。』」從古代文獻使用這三個詞的情況看，三詞同義，不應一解作素色帶，一解作插於帶。李奇、鄭眾的說法是對的。縉、薦是搢的假借字。《史記・五帝本紀》：「百家言黃帝，其文不雅馴（訓），薦紳先生難言之。」《集解》：「徐廣曰：『薦紳，即縉紳也，古字假借。』」顏師古注《漢書・郊祀志》說：「插笏於大帶與革帶之間耳，非插於大帶也。」笏是古代君臣朝

見時手裡拿着的狹長板子，用來說話時指指畫畫或記事。《禮記·玉藻》：「凡有指畫於君前用笏。」又稱手板。《梁書·劉孺傳》：「後侍宴壽光殿，詔群臣賦詩，時孺與張率並醉，未及成，高祖取孺手板題戲之曰：『張率東南美，劉孺洛陽才。攬筆便應就，何事久遲回？』」

4. 脛衣

褲	綺	袴	襄	襑	褌
蔽膝	褘	韠	韍	芾	

(1) 褲子

「褲」字古代寫作綺、袴。《說文》：「綺，脛衣也。」《釋名》：「袴，跨也。兩股（大腿）各跨別也。」段玉裁說：「綺，今所謂套褲也。」這說明古代的褲子沒有襠，只有兩個褲筒，套在腿上，上端有繩帶以繫在腰間。袴又稱襄、襑。《說文》：「襄，綺也。」「襑，綺也。」《方言》：「綺，齊魯之間謂之襄。」襄 (qiān) 即襄的俗字。襑 (zé) 為褻衣（見上文），可能因為褲也是近身受污澤，所以用襑為別名。

《禮記·內則》：「〔童子生〕十年，出就外傅（老師），居宿於外，學書記，衣不帛襦袴。」鄭注：「不用帛為襦袴，為大溫傷陰氣也。」大約小孩的褲用麻織品，這與後代棉、皮套褲只適用於老人、病人是一樣的。

　　紈袴為有錢人的服裝，所以後來專用以指富貴人家不務正業的子弟。因為紈是織造較為細緻的生絹。《漢書·敘傳》：「〔班伯〕與王〔鳳〕、許〔商〕子弟為群，在於綺襦紈袴之間，非其好也。」顏注：「紈，素也。綺，今細綾也。並貴戚子弟之服。」杜甫《奉贈韋左丞丈二十二韻》：「紈袴不餓死，儒冠多誤身。」陸游《書歎》：「布衣儒生例骨立，紈袴市兒皆瓠肥。」（瓠：即葫蘆。）兩首詩都以紈袴與儒生對比，即包含着紈袴者不學習、不向善之意。

　　若以毛皮為袴，就是簡樸艱苦的了。上文所引《後漢書·馬援傳》例：「〔援〕至有牛馬羊數千頭，穀數萬斛……乃盡散以班（頒）昆弟故舊，身衣羊裘皮絝。」《舊唐書·婁師德傳》：「婁師德為豐州都督，衣皮袴率士屯田，積穀百萬。」「韋」即皮（見上），所以又說韋袴。《後漢書·祭遵傳》：「遵為人廉約小心，克己奉公，賞賜輒盡與士卒，家無私財，身衣韋袴布被。」

　　古書上曾提到「窮袴」，其形制就跟現在的褲子差不多了。《漢書·外戚傳》：「左右及醫皆阿意言宜禁內（指宮人），雖宮人使令皆為窮絝，多其帶。」服虔注：「窮絝有前後襠。」顏師古注：「即今緄襠袴也。」這種褲子通常稱為褌。《說文》：「幝，幒（同㡓）也。褌，幝或從衣。」段玉裁說：「自其

渾合近身言曰褌，自其兩襱（褲管）孔穴言曰惚。」「若今之
滿襠褲，古謂之褌。」顏師古注中的緄也就是褌。《晉書‧
阮籍傳》：「獨不見群蝨之處褌中，逃乎深縫，匿乎壞絮，自
以為吉兆也。行不敢離縫際，動不敢出褌襠，自以為得繩墨
（規矩）也。君子之處域中，何異夫蝨之處褌中乎？」《世說
新語‧任誕》：「〔劉〕伶曰：『我以天地為棟宇，屋宇為褌
衣。諸君何為入我褌中？』」因為魏晉南北朝放誕之士有意穿褌，
所以有人戲以褌為晉服。《老學庵筆記》卷八：「翟耆年字伯
壽……巾服一如唐人，自名唐裝。一日往見許顗彥周，彥周
髮髻，着犢鼻褌，躡高屐出迎。伯壽愕然。彥周徐曰：『吾晉
裝也，公何怪？』」

　　《史記‧司馬相如列傳》：「乃令〔卓〕文君當壚（酒店放
置酒罈的爐形土墩），相如自著犢鼻褌，滌器於市中。」《集
解》：「韋昭注曰：『今三尺布做形如犢鼻矣。』」顏師古說：
「即今之裩也。形似犢鼻，故以名云。」《玉篇》：「裩，小褌。」
這樣看來，犢鼻褌很類似現在的褲衩、短褲。在古代這是貧
賤勞作者所穿。司馬相如在市場上大穿其犢鼻褌，也是為
了顯其貧賤以出老丈人卓王孫的醜。

　　和上衣一樣，為了禦寒，褌可以做成夾的，或絮進棉、
麻。《世說新語‧夙惠》：「韓康伯數歲，家酷貧。至大寒，

止得襦，母殷夫人自成之，令康伯捉熨斗，謂康伯曰：『且著襦，尋（一會兒）作複褌。』兒曰：『已足，不須複褌也。』母問其故，答曰：『火在熨斗中而柄熱，今既著襦，下亦當暖，故不須耳。』」陸游詩：「翁飢不能具小飧，兒凍何由成複褌。」用的便是這個典故。

(2) 蔽膝

古代下體之衣還有蔽膝。顧名思義，這是遮蓋大腿至膝部的服飾。《方言》：「蔽膝，江淮之間謂之褘，自關東西謂之蔽膝。」《說文》：「褘，蔽膝也。」《釋名》：「韠，蔽也，所以蔽膝前也，婦人蔽膝亦如之。齊人謂之巨巾，田家婦女出自田野以覆其頭，故因以為名也。又曰跪襜，跪時襜襜然張也。」《禮記·玉藻》孔疏：「他服稱韠，祭服稱韍（同紱）。」這樣看來，蔽膝、褘、韠、韍是同物而異名（有人認為韠是蔽膝的合音字）。根據古代注釋家的描述，我們可以想見古代蔽膝的形制與現在的圍裙相似。所不同的是，蔽膝稍窄；而且一定要長到能「蔽膝」；並不像圍裙那樣直接繫到腰上，而是拴到大帶上；其功用主要不是保護衣服，而是一種裝飾；可以用皮革製成。古代作品中提到蔽膝的地方很多。例如：《漢書·王莽傳》：「〔莽〕母病，公卿列侯遣夫人問疾。莽妻迎之，衣不曳地，布蔽膝，見之者以為僮，使問，知其

夫人，皆驚。」又，「於是莽稽首再拜，受綠韍袞冕衣裳。」溫庭筠《過華清宮》：「鬥雞花蔽膝，騎馬玉搔頭。」《詩經·檜風·素冠》：「庶見素韠兮，我心蘊結兮，聊與子如一兮。」皮日休《九諷》：「荷為襧兮芰為襬，荃為裋兮薜為褌。」（襧：短衣。裋：類似短袖衫。）

　　《說文》：「巿，韠也。上古衣蔽前而已。」巿即韍。字又寫作芾。《詩經·曹風·侯人》：「彼其之子，三百赤芾。」鄭箋：「佩赤芾者三百人也。」（古代的禮制，大夫以上才佩赤芾。）又《小雅·采芑》：「朱芾斯皇，有瑲葱珩。」（皇：同煌，光彩的樣子。瑲：玉聲。葱珩：蒼色的佩玉。）又《小雅·采菽》：「赤芾在股，邪幅在下。」（邪幅：類似後代的綁腿。）孔引《乾鑿度》的注：「古者田漁而食，因衣其皮。先知蔽前，後知蔽後，後王易之以布帛，而猶存其蔽前者，重古道，不忘本。」鄭玄在箋注這首詩時也說：「芾，大（太）古蔽膝之象。」原始人以獸皮遮羞禦寒，生產方式改進了，有了布帛，這是勞動人民的創造，不是甚麼「後王」的發明；至先秦還有韠、韍、芾，其意也並不在於「重古道」。除去了這些後世經學家附會的意思，《乾鑿度》注的話是可信的：蔽膝是古代遮羞物的遺制。鄭玄也看出了這一點，雖然他用的是後代的名詞「蔽膝」來稱呼古物。

5. 製衣的質料

帛	繒	絹	縑	素	練
綈	綃	紈	縠	紗	
繡	錦	綺			
褐					

署名孔鮒（秦漢之際人，孔子後代）著的《孔叢子·居衛》說：「夫錦繢紛華所服不過溫體，三牲太牢所食不過充腹，知以身取節者則知足矣。」大意是：衣服再好也只是禦寒，食品再豐，也不能吃得更多，知道按照身體的需要節制衣食之慾的人，就是懂得滿足了。這是儒家勸導君王不要過分奢侈。實際上統治者與被統治者在服裝上從來是相差懸殊、等級森嚴的。這同樣符合儒家的原則。《孔叢子·刑論》就說：「中國之教，為外內以別男女，異器服以殊等類。」（器指車及所用器物，詳後第二、第四編。）

不同等類者的服裝除形制與佩飾的不同外，質料的差別也很大。

上古無棉花，衣服除皮毛外只有絲、麻。富貴者穿絲織品。絲織品統稱為帛或繒，其中又分為多種，常見於古書的有：絹、縑、素、紈、紗、綃、綢、羅等。

絹是生絲織的，即繅出的絲未經煮練漂洗而織成的帛。縑是用雙絲織成的細絹。素也是生絲織成的，與練相對而

言，練是煮白了的縑帛。

絹是絲織品中的基本產品，所以歷代王朝在向人們徵斂時絹與穀同是賦租的內容。《三國志·魏志·武帝紀》注引《魏書》所載曹操的命令說：「其收田租畝四升，戶出絹二匹、綿二斤而已。」《新唐書·食貨志》：「國朝著令『稅』出穀，『庸』出絹，『調』出繒。」這在歷代都是農民的沉重負擔，所以白居易在《秦中吟·重賦》中寫道：「浚（同峻，等於說殘酷盤剝）我以求寵，斂索無冬春。織絹未成匹，繅（繰）絲未盈斤。里胥迫我納，不許暫逡巡……昨日輸殘稅（指未完成的金額），因窺官庫門：繒帛如山積，絲積似雲屯。」統治者徵斂來的絹主要是供發放官員俸祿或賞賜之用。

縑雖然較細，但與絹是同類。《古詩·上山採蘼蕪》：「新人工織縑，故人工織素。織縑日一匹，織素五丈餘。將縑來比素，新人不如故。」素是白而細緻的繒帛，織縑、素所費的工是差不多的。古代的一匹四丈，「五丈餘」比一匹也差不了多少。「新人不如故」只是由於對前妻的感情未斷。素既未煮練，也未加任何繪繡，所以《釋名》說：「素，樸素也，已織則供用，不復加巧飾也。又物不加飾皆自謂也，此色然也。」富貴者衣服是要有「巧飾」的，所以素不被他們服用，頂多用作內衣（褊衣）或帽子的裡子，但「凶

服」則要用素。例如《禮記·曲禮》:「大夫、士去國,踰竟(境),為壇位,向國而哭,素衣、素裳、素冠。」孔疏:「去父母之邦,有桑梓之戀,故為壇位,向國而哭,衣、裳、冠皆素,為凶飾也。」後代孝服以本色白布為之,就是古素服的遺留。素字有樸素、無雕飾、白白地(如《詩經·魏風·伐檀》:「彼君子兮,不素餐兮」)、原始的、平素等義,便都是從它本是未經巧飾的絲織品這一點引申出來的。

　　練是白色的,所以也作為喪服之一種。古人服喪十三個月為小祥,小祥之祭叫練,就是因為祭時穿練製的巾衣。練雖細,但也樸實無文,因此若平時穿練做的衣服就是儉樸的了。《漢書·王莽傳》:「莽欲以虛名說(悅)太后,白言親承孝哀丁、傅奢侈之後,百姓未贍(富足)者多,太后宜且衣繒練,頗損膳以視(示)天下……莽帥(率)群臣奏言,陛下(指太后)春秋尊(年歲大),久衣重練,減御膳,誠非所以輔精氣、育皇帝、安宗廟也……願陛下愛精休神,闊略思慮,遵帝王之常服,復大(太)官之法膳,使臣子各得盡歡心,備共(供)養。」因為練色潔白,所以古人常以「練」喻指清澈的河水或瀑布。謝朓《晚登三山還望京邑》:「餘霞散成綺,澄江淨如練。」李白《金陵城西樓月下吟》:「解道澄江淨如練,令人長憶謝玄暉。」(玄暉是謝朓的字。)蘇轍《雪浪齋》:「窗

中縞練舒眼界，枕上雷霆驚耳門。」《水經注‧廬江水》：「懸流飛瀑……上望之連天，若曳飛練於霄中矣。」甚至屋檐下的雨水也可以稱練。韓愈《秋雨聯句》：「檐垂白練直，渠漲清湘大。」

在古書中還可以常見到「綈」。例如前面所引《史記‧范睢蔡澤列傳》中須賈「乃取一綈袍以賜之（指范睢）」。綈是厚繒，質地較粗，所以張守節的《史記正義》說綈袍即「今之粗袍」。君王若穿綈衣就是很儉樸的了。《史記‧文帝本紀》：「上常衣綈衣。所幸慎夫人，令衣不得曳地，幃帳不得文繡，以示敦樸。」

綃、紈、縠、紗都是絲織品中的精細者。

綃是生絲織成的。曹植《洛神賦》：「踐遠遊之文履，曳霧綃之輕裾。」紈與綃接近。《戰國策‧齊策》：「下宮糅羅紈，曳綺縠。」縠比綃、紈還要細薄，與紗同類，現在的縐紗即古代的縠。因為它輕而薄，所以古人用霧形容它。宋玉《神女賦》：「動霧縠以徐步兮，拂墀聲之姍姍。」《後漢書‧宦者傳》：「南金、和寶、冰紈霧縠之積，盈仞珍藏。」紗比縠還要輕。《漢書‧江充傳》：「充衣紗縠禪衣。」注：「輕者為紗，縐者為縠。」《老學庵筆記》卷六：「亳州出輕紗，舉之若無，裁以為衣，真若煙霧。一州惟兩家能織，相與世世

為婚姻，懼他人家得其法也。云自唐以來名家，今三百餘年矣。」但近年來考古工作者已經在地下發掘中發現，我國在漢代已經有了這種紗。陸游以為唐時始有，是因為文獻上面沒有這方面的記載。由此也可見這種薄紗在當時的珍貴和不多見。

達官貴人的衣服不但質料精美，而且還要加上文采。在複雜的織造技巧與刺繡工藝還沒出現以前，製衣的絲帛要染，或在上面繪上圖案。《周禮‧考工記》：「畫繢之事，雜五色。」鄭注：「繢以為衣。」孫詒讓《正義》：「鄭因此是畫，故謂在衣。然此經畫繢章采當通冠服旗章等而言，鄭約舉……為說耳。」《尚書‧益稷》：「予欲觀古人之象，日、月、星、辰、山、龍、華（花）、蟲作會（繪）。」這說明古人不只在衣服上，而且也在旗幟上畫上各種圖騰以為徽識。

衣服上的繪繡圖案不但標明地位，更主要的是標明富有。《說苑》：「晉平公使叔向聘於吳，吳人拭舟以逆之。左五百人，右五百人，有繡衣而豹裘者，有錦衣而狐裘者。」《史記‧項羽本紀》：「項王……曰：『富貴不歸故鄉，如衣繡夜行，誰知之者。』」漢武帝也說過這樣的話。《漢書‧朱買臣傳》：「上拜買臣會稽太守，上謂買臣曰：『富貴不歸故鄉，如衣繡夜行。子今何如？』」揚雄《逐貧賦》：「人皆文繡，

余褐不完。」這都是把繡衣當做富貴的象徵。刺繡不止用於衣服。在古代文獻中關於錦繡用於幃帳房屋的記載很多，這反映了封建統治者的窮奢極慾。前面所引的《史記·文帝本紀》，即以「幃帳不得文繡」說明文帝生活儉約。這從反面反映出通常帝王之家幃帳都是要繡的。又如賈誼《治安策》：「白縠之表，薰紒之裡，緁（等於說綴）以偏諸（花邊、緣子），美者黼（白黑相間的花紋）繡，是古天子之服，今富人大賈嘉會召客者以被牆……且帝之身自衣皂（黑色）綈，而富民牆屋被文繡。」《淮南子·主術訓》：「百姓短褐不完，而宮室衣錦繡。」可見遠在漢代就以錦繡裝飾房屋，在這之後歷代都有增無已。

　　繪與繡都是在絹帛織好後再加工的。那種直接織出花紋圖案的織品叫錦、綺。錦衣為今人所熟悉，綺衣則不大為人所知。《漢書·地理志》：「齊地……其俗彌侈，織作冰紈綺繡純麗之物，號為冠帶衣履天下。」與上面所引《淮南子》文的意思相同，古人常以有綺文的織品跟老百姓的衣服加以對比。例如《史記·平原君列傳》：「李同曰：『邯鄲之民，炊骨易子而食，可謂急矣，而君之後宮以百數，婢妾被綺繡，余粱肉，而民褐不完，糟糠不厭（飽）。』」

　　老百姓的衣服與富貴人的衣服形成鮮明的對比。《孟子》

上説，如果國君施行「王道」、「仁政」，讓百姓「五畝之宅樹
之以桑，五十者可以衣帛矣」。足見當時的平民是穿不上絲
織品的。《列子·楊朱》説：「〔田夫〕不知天下之有廣廈隩室，
錦纊狐貉。」當時確是如此。百姓只能穿麻、毛編織品，最
常見的是上文例子中提到的「褐」。

　　褐是用麻或毛捻成線編織的粗衣，不但重，無光華，而
且不暖。《孟子》趙岐注説褐「若馬衣」，這也從另一方面説
明勞動者的生活與馬羊相等。但是即使是這樣粗劣的衣服，
也不一定能得到，「褐不完」、「不得短褐」的情況也是常見
的。《詩經·豳風·七月》：「無衣無褐，何以卒歲。」足見
自古已然。《韓詩外傳》卷九：「士褐衣縕著未嘗完也。」曹
植《雜詩》之二：「捐軀遠從戎，毛褐不掩形。」「士」與戰士
尚且如此，勞動人民的情況就更可想見了。《史記·商君列
傳》：「夫五羖（黑羊）大夫……被褐食（餵）牛。」五羖大夫
叫百里奚，原為春秋時虞國大夫，虞被秦滅，淪為楚人的奴
僕，後由秦用五張黑羊皮贖回。「被褐」正是當時「下等人」
穿衣的情況。

　　但古代作品中提到「褐」並不全是寫實，常常是藉此另
有含義。例如陶淵明《飲酒》十六：「敝廬交悲風，荒草沒前
庭。披褐守長夜，晨雞不肯鳴。」這是以穿褐表示自己貧窮

而又不做官，當時他穿的未必就是褐。《史記‧廉頗藺相如列傳》：「乃使其從者衣褐，懷其璧，從間道亡（逃回趙國）。」這是讓人化裝成貧苦人以遮人耳目。左思《詠史》之五：「被褐出閶闔，高步追許由。」這是他表達蔑視當時的官場和門閥制度，表示自己要做個隱士，其實他是不會「被褐」的。《晏子春秋‧內諫上》載，齊景公登高看到齊國的鼎盛後說，人要不死多好啊。晏嬰回答說：「若使古而無死，丁公（戰國陳氏齊的祖先）、太公（即姜太公，名尚，春秋姜氏齊的祖先）將有齊國，桓、襄、文、武（都是齊景公的先人）將皆相之，君將戴笠（斗笠）衣褐，執銚（大鋤）耨（小手鋤）以蹲行畎畝之中，孰暇患死。」這是以「衣褐」作為農夫的標誌之一。杜甫《自京赴奉先縣詠懷五百字》：「贈浴皆長纓，與宴非短褐。」則又以「短褐」指代平民。古書上還以「釋褐」表示做官，如《陳書‧沈炯傳》：「炯少有俊才，為當時所重。釋褐王國常侍。」沈炯的祖、父都做官，他從來不會衣褐，但褐既然是平民之服，一做官就告別了平民生活，所以要說「釋褐」，這個「褐」已經沒有了原來實指的意思。

（三）足衣

1. 鞋

鞋	屨	履	躧	跿	烏
蹻	屐	鞮	韝		
綦	絇	繶	純		

古代的鞋有屨、履、屬、屐、鞮等名稱，其間有異有同。下面分別介紹。

履（jù），《說文》：「履也。一曰鞮也。」段玉裁引晉蔡謨曰：「今時所謂履者，自漢以前皆名屨。《左傳》『踴貴屨賤』，不言『履賤』；《禮記》『戶外有二屨』，不言『二履』；賈誼曰『冠雖敝，不以苴屨』，亦不言『苴履』。《詩曰》：『糾糾葛屨，可以履霜』。屨、烏者一物之別名，履者足踐之通稱。」他還對古代的用字作了統計：「《易》、《詩》、三《禮》、《春秋傳》、《孟子》皆言屨，不言履；周末諸子、漢人書乃言履。《詩》、《易》凡三『履』，皆謂踐也。然則履本訓踐，後以為屨名，古今語異耳。許〔慎〕以今釋古，故云古之屨即今之履也。」朱駿聲《說文通訓定聲》也說：「古曰屨，漢以後曰履，今曰鞵（鞋）。」

至於《說文》所說「鞮也」一義，則是皮革所製之屨（見《說文‧革部》）。古代的屨分別用草、麻、皮製成，在稱呼

上比較混亂。例如《左傳・僖公四年》：「申侯（鄭大夫）見
〔齊侯〕曰：『師老矣（指長久在外已疲勞）。若出於東方而遇
敵，懼不可用也；若出於陳、鄭之間，共其資糧屝屨，其可
也』。」杜注：「屝，草屨。」孔疏引《方言》：「絲作之曰屨，
麻作之曰屝，粗者謂之屝。」今本《方言》作「麻作之者曰不
借」。《方言》又說：「徐兗之郊謂之屝，自關而西謂之屨。」
《玉篇》：「麻作謂之屨也。」這樣，屝（fèi）到底是草製、麻
製還是粗屝？莫衷一是。大約屨、屝、不借等由於有方言分
歧這個因素在，具體所指並不很固定，要根據上下文提供的
線索才能作出準確的判斷。

　　古代說「草屨」，自然是草鞋。白居易《香山寺石樓潭夜
浴》：「綃巾薄露頂，草屨輕束足。」《宋史・呂祖儉傳》：「在
謫所，讀書窮理，賣藥以自給，每出，必草屨徒步，為逾嶺
之備。」「菲屨」也是草鞋。《漢書・刑法志》：「所謂『象刑
惟明』者，言象天道而作刑，安有菲屨赭衣（赭色之衣，囚犯
所服）者哉！」顏注：「菲，草屨也。」「菅屨」也是草鞋。《左
傳・襄公十七年》：「齊晏桓子（晏嬰之父）卒，晏嬰粗衰斬，
苴絰帶，菅屨（按：這都是喪服）。」杜注：「菅屨，草屨。」
「葛屨」，是用葛藤加工成的纖維編的鞋，介乎草、麻之間，
比一般的草鞋要高級些。《詩經・小雅・大東》：「糾糾葛屨，

可以履霜。」葛屨為天暖時所服。(《儀禮‧士冠禮》:「屨,夏用葛……冬皮屨可也。」)《大東》是「東國困於役而傷於財,譚(國名)大夫作是詩以告病焉」(《詩》小序),結霜的天氣還穿着夏天的葛屨走路,正是困窶的表現。

　　古書上常以草鞋為罪人之服或喪服,其實貧苦人常年所穿的都是草鞋,甚至有人以編織草鞋為生。例如《孟子‧滕文公上》:「其(指許行)徒數十人皆衣褐,捆(等於説砸,織草鞋的一道工序)屨織席以為食。」許行雖是學者,但過的卻是貧民的生活。《左傳‧昭公三年》:「國之諸市,屨賤踊(受過刖刑者的鞋)貴。」這是説齊國的刑重,受刖刑的人多,但也可見當時織屨販屨已經成為一種職業。至於《禮記‧少儀》所説「君子不履絲屨,馬不常秣(餵糧食)」,則是官樣文章,沒有誰認真照辦過。《史記‧春申君列傳》:「春申君客三千餘人,其上(上等)客皆躡珠履以見趙使,趙使大慚。」以珠飾履,這決不會是草鞋。《禮記‧檀弓上》:「有子(孔子弟子)蓋既祥(喪祭名)而絲屨、組(絲繩)纓。」那麼,連孔門也有穿絲鞋的了。歷代穿絲鞋的當然都是有錢的人,君王甚至有專門機構供應絲鞋。《老學庵筆記》卷二曾記載南宋的情況:「禁中舊有絲鞋局,專挑供御絲鞋,不知其數。嘗見蜀將吳珙被賜數百緉(雙),皆經奉御者。壽皇即位,惟臨

朝服絲鞋，退即以羅鞋易之，遂廢此局。」與絲鞋相比，革
履便是較粗笨低劣的了。所以《漢書‧貢禹傳》載，貢禹稱
讚漢文帝儉樸時說：「漢文皇帝衣綈履革，器亡（無）琱文、
金銀之飾。」

　　履，在戰國之後確實通稱為履了。例如：《韓非子‧外儲
說左下》：「晉文公與楚戰，至黃鳳之陵，履繫（帶兒）解，
因自結之。」《晏子春秋‧內篇諫下》：「〔齊〕景公為履，黃
金之綦（詳下），飾以組，連以珠……」韓非已是戰國末期的
人，《晏子春秋》成書當在漢初，所以都稱履。至於上文所
引《史記‧春申君列傳》則更為明顯：司馬遷是用漢代的語
言敘述先秦的事情，自然更要說履。又如《孔雀東南飛》：
「新婦識馬聲，躡履相逢迎」；白居易《楊柳枝》：「繡履嬌行
緩，花筵笑上遲」；杜荀鶴《吳縣》：「草履隨船賣，綾梭隔岸
鳴」──都以說「履」為常了。

　　草鞋又稱蹝（xǐ），字又作跣、屣。《史記‧蘇秦列傳》：
「夫實得利，尊得所願，燕趙棄齊如脫蹝矣。」脫掉草鞋是很
方便的，所以古人常以「脫蹝」表示事之輕易。《淮南子‧主
術訓》：「堯舉天下而傳之舜，猶卻行而脫蹝也。」高誘注：
「言其易也。」草鞋又是賤物，所以脫蹝、棄蹝又表示視之如
糞土。《漢書‧郊祀志》：「於是天子（指漢武帝）曰：『嗟乎！

誠得如黃帝，吾視去妻子如脫屣耳。』」顏注：「屣，小履。
脫屣者，言其便易無所顧也。」《孟子・盡心上》：「舜視棄天
下猶棄敝蹤也。」趙岐注：「蹤，草履……敝喻不惜。」躧當
動詞使用時，有一個很特殊的含義：趿拉着鞋，即如現在穿
拖鞋。《漢書・雋不疑傳》：「〔暴〕勝之開閤延請，望見不疑
容貌尊顏，衣冠甚偉，勝之躧履起迎。」顏注：「履不著跟曰
躧。躧謂納履未正，曳之而行，言其遽也。」司馬相如《長
門賦》：「舒息悒而增欷（哀歎）兮，躧履起而彷徨。」李善
注：「蹤，足指掛履也。」

　　舄（xì）是在底子下面再加一層木底（很像現在在底子上
加掌）的鞋。這是先秦的名稱，到漢代時這種兩層底兒的鞋
改稱為履了。鄭玄《周禮・履人》注：「複下（兩層底）曰舄，
禪（單層）下曰履。古人言履以通於複，今世（漢代）言履
以通於禪，俗易（改變）語反與？」崔豹《古今注》：「舄，以
木置履下，乾腊（在這裡也是乾的意思）不畏泥濕也。」這樣
看來，舄的作用很像現在的膠底鞋或雨鞋。《方言》：「自關
而西……中有木者謂之複舄。」這說明周秦的舊名在漢代還
流行在關西的俗語中。《詩經・小雅・車攻》：「赤芾金舄，
會同有繹。」這是說諸侯們來行會同之禮，佩朱芾、穿朱黃
色的舄，按其尊卑列位。《詩經・豳風・狼跋》：「公孫碩膚，

赤舄几几。」(公孫指周成王，這是形容他長得高大美好，服飾很盛。) 毛傳：「赤舄，人君之盛屨也。」後代常以舄為帝王所服，如《漢書‧東方朔傳》：「〔漢文帝〕貴為天子，富有四海，身衣弋綈 (詳後)，足履革舄。」顏注：「革，生皮也。不用柔韋，言儉率也。」但同時也逐漸用為一般鞋履的別稱，如《史記‧滑稽列傳》：「日暮酒闌，合尊 (酒器) 促坐，男女同席，履舄交錯，杯盤狼藉。」韓愈《岳陽樓別竇司直》：「開筵交履舄，爛漫倒家釀。盃 (杯) 行無留停，高柱送清唱。」

蹻 (屩，juē) 也是草鞋的名稱。《史記‧平原君列傳》：「虞卿者，遊說之士也，躡蹻擔簦 (長柄笠，類似今天的雨傘，但戴在頭上) 說趙孝成王。」《漢書‧卜式傳》：「式既為郎 (中郎，漢官名)，布衣草蹻而牧羊。」顏注：「蹻即今草履也。南方謂之蹻。」

古代叫屨、履，現在叫鞋。鞋字首見於南朝梁顧野王的《玉篇》，是鞵的異體字。《顏氏家訓‧治家》：「鄴下有一領軍，貪積已甚……後坐事伏法，籍其家產，麻鞋一屋，弊衣數庫，其餘財寶，不可勝言。」白居易《花線毯》：「美人蹋上歌舞來，羅襪繡鞵隨步沒。」《上陽人》：「小頭鞵履窄衣裳，青黛點眉眉細長。」

現在日本人民生活中仍保存的木屐，原是我國古代的木

履。顏師古《急就篇注》：「屐者，以木為之，而施兩齒，可以踐泥。」南北朝時士族大夫好屐，不但以為常服，而且親自動手製作，以至成癖。《晉書·阮孚傳》：「初，祖約性好財，孚性好屐。同是累（人生的拖累）而未判其得失。有詣約，見正料財物，客至，屏當（遮擋）不盡，以身蔽之。有詣阮，正見自臘屐（往屐上塗臘），因歎曰：『未知一生當着幾量（雙）屐。』於是勝負始分。」（《世說新語·雅量》略同）

《南史·謝靈運傳》：「〔靈運〕尋山陟嶺必造幽峻……常着木屐，上山則去其前齒，下山則去其後齒。」後來人們便把這種屐叫謝公屐。李白《夢遊天姥吟留別》：「腳著謝公屐，身登青雲梯。」

古代屨履上除今所謂鞋幫、鞋底外，其部件還有綦、絇、繶、純。《晏子春秋·內篇諫下》：「景公為履，黃金之綦，飾以銀，連以珠，良玉之絇。」綦是鞋帶兒。絇是鞋頭上的裝飾，有孔，可以穿繫鞋帶。《儀禮·士喪禮》：「乃屨，綦結於跗（腳背），連絇。」繶是鞋牙（即今鞋幫）與鞋底相接處的縫裡裝飾的縧子。沿着鞋口的裝飾與衣邊的鑲飾是同類的東西，因此也叫純。《儀禮·士冠禮》：「屨，夏用葛，玄端（一種黑色的禮服），黑屨，青絇、繶、純。」《漢書·外戚傳》：「俯視兮丹墀，思君兮履綦。」顏注：「綦，履下飾

也。言視殿上之地，則想君履綦之跡也。」

　　古代也有靴子，字原作鞾。《說文新附》：「鞾，鞮屬。」據《釋名》（《太平御覽》引）說鞾本是胡（北方少數民族）名，趙武靈王始服之。《說文》：「鞮，革履也。胡人履連脛，謂之絡鞮。」（依段玉裁本）

2. 襪

襪

　　古代的襪子，是用布帛、熟皮做的。字作韤、韈。《說文》：「韤，足衣也。」《左傳·哀公二十五年》：「衛侯……與諸大夫飲酒焉，褚師聲子韤而登席。公怒，〔褚師〕辭曰：『臣有疾異於人，若見之，君將瘱（嘔吐）之，是以不敢。』」按照古代禮節，臣見君，需解襪然後登席，褚師穿着襪子登席，衛侯以為對自己不敬，所以「怒」。穿襪子時要用帶子繫上。《史記·張釋之列傳》：「王生者，善為黃老言，處士也。嘗召居廷中，三公九卿盡會立，王生老人，曰：『吾韤解』，顧謂張廷尉：『為我結韤！』釋之跪而結之。」富貴人家可以穿絲綢襪。張衡《南都賦》：「修袖繚繞而滿庭，羅襪躡蹀而容與。」（躡蹀，小步的樣子。容與：緩慢的樣子。）貧者則無法着襪。杜甫《北征》：「平生所嬌兒，顏色白勝雪。見爺（父親）背面啼，垢膩腳不襪。」

附：寢衣

被　衾

《説文》：「被，寢衣，長一身有半。」又：「衾，大被。」段玉裁説：「寢衣是小被，則衾是大被。」《論語‧鄉黨》：「必有寢衣，長一身有半。」孔安國注：「今之被也。」這是《説文》之所本。鄭玄注：「今小臥被是也。」這是段玉裁之所本。對於甚麼是「寢衣」，前人有不同的意見，有人認為相當於今天的睡衣，但多數人認為就是被子。

在古代並不是人人都能有被子。富者可以蓋錦繡的被子。《晉書‧羊耽妻辛氏傳》載，辛氏字憲英，有才鑑。耽從子（姪兒）「祜嘗送錦被，憲英嫌其華，反而覆之（翻過來蓋）」。《後漢書‧李忠傳》：「世祖（漢光武帝劉秀）會諸將問所得財務，惟忠無所掠。世祖曰：『我欲特賜李忠，諸卿得無望乎？』即以所乘大驪馬（黑青色的馬）及繡被衣物賜之。」李煜《浪淘沙》：「羅衾不耐五更寒。」而貧困人則無被。《漢書‧王章傳》：「初，章為諸生學長安，獨與妻居。章疾病，無被，臥牛衣中（為禦寒而給牛披的麻布）。」一般人則蓋布被，所以常以「布被」表示清寒的生活。杜甫《茅屋為秋風所破歌》：「布衾多年冷似鐵，嬌兒惡臥踏裡裂。」辛棄疾《清平樂》：「布被秋宵夢覺，眼前萬里江山。」

（四）佩飾

　　古人十分重視身上的佩飾，不僅用以美化自身外形，而且藉以標誌身份等級。佩飾都繫在革帶上然後連於大帶。常見的佩飾有玉、珠、刀、帨等。《釋名》：「佩……有珠、有玉、有容刀、有帨巾之屬也。」

1. 玉

珩	瑀	衝牙	琚	璜	環	玦

玉是最重要的佩飾。《禮記・玉藻》：「古之君子必佩玉」，又說「君子無故玉不去身」，「故君子在車則聞鸞和（車上的鈴）之聲，行則鳴佩玉」。一走動佩玉即發出叮咚的響聲，是因為所佩不只一玉。《大戴禮・保傅》：「下車以佩玉為度，上有蔥衡（即青色的珩玉），下有雙璜衝牙，玭珠（又稱蠙珠，即蚌珠）以納其間，琚瑀以雜之。」（《周禮・玉府》，鄭注略同）因為所佩非一，所以又稱雜佩。《詩經・鄭風・女曰雞鳴》：「知子之來之，雜佩以贈之；知子之順之（與己和順），雜佩以問（贈）之；知子之好之（與己同好），雜佩以報之。」毛傳：「雜佩者，珩、璜、琚、瑀、衝牙之類。」朱熹的《詩集傳》說得比較清楚：

「雜佩者,左右佩玉也。上橫曰珩,下繫三組(絲繩)貫以蠙
珠,中組(中間一根組)之半(半截處)貫以大珠曰瑀(其實
不是珠而是石之次玉者,朱誤),末懸一玉,兩端皆銳,曰衝
牙,兩旁組半各懸一玉,長博而方曰琚,其末各懸一玉如半
璧(半圓形)而內向曰璜,又以兩組貫珠,上繫珩兩端,下交
貫於瑀而下繫於兩璜,行則衝牙觸璜而有聲也。」

　　玉本是一種貴重的裝飾品,為貴族豪富所專有,但在奴
隸社會和封建社會裡,統治者卻把佩帶玉石附會上一種神秘
的道德色彩。《禮記‧聘義》有這樣一段記載:

　　　　子貢問於孔子曰:「敢問君子貴玉而賤碈(又寫作
　　玟。美石)者,何也?為玉之寡而碈之多與?」孔子
　　曰:「非為碈之多故賤之也、玉之寡故貴之也。夫昔者
　　君子比德於玉焉:溫潤而澤,仁也;縝密似栗(栗有
　　堅實的樣子),知也;廉而不劌(刺傷),義也;垂之如
　　隊(墜),禮也;叩之,其聲清越以長,其終絀然,樂
　　也;瑕(玉上的疵點)不掩瑜(玉之美處),瑜不掩
　　瑕,忠也;孚尹(孚尹指美色)旁達,信也;氣如白虹,
　　天也;精神見於三川,地也;圭璋特達(等於說無所
　　不達,指用於朝聘之禮),德也;天下莫不貴者,道

也。詩云：『言念君子，溫其如玉』，故君子貴之也。」

　　在古代的文學作品中，玉的這種人為色彩並沒有被着重表現，每凡說到佩玉，都在藉以烘托人物的高貴或環境的華美。

　　古人的佩玉中除上面所引《內則》列出的以外，還有環、玦。環是環形玉，《說文》：「環，璧也。肉好若一謂之環。」即當中空心（好）的直徑與四周玉（肉）的寬度相等。《禮記‧經解》：「行步則有環佩之聲。」《漢書‧雋不疑傳》：「不疑冠進賢冠，帶櫑具劍，佩環玦，褒衣博帶，盛服至門，上謁。」但後代詩文中的環佩則多指婦女的佩飾。如阮籍《詠懷》：「交甫懷環佩，婉孌有芬芳。」杜甫《詠懷古跡》：「畫圖省識春風面，環佩空歸夜月魂。」

　　玦的樣子跟環一樣，中空，肉好若一，只是它在「肉」上缺了一截。因為玦的名稱來源於「決」，而且形制又是「缺」，斷開的兩邊不相接，所以古人常以玦寓以「決」義。《孔叢子‧雜訓》：「子產死，丈夫捨玦佩，婦女捨珠瑱，巷哭三月，竽瑟不作。」這是以玦示訣別。《史記‧項羽本紀》：「范增數目項王，舉所佩玉玦以示之者三。」這是以玦暗示項羽，讓他「決」斷，殺掉劉邦。《白虎通》：「君子能決斷則佩玦。」

《荀子·大略》:「絕人以玦,反絕以環。」楊倞注:「古者臣有罪,待放於境,三年不敢去。與之環則還,與之玦則絕,皆所以見意也。反絕,謂反(返)其將絕者。」一直到宋代,還有人利用賦予佩玉的這種含意傳達信息。

2. 其他

韋	弦	容刀	劍
帨	觿	容臭	香囊

　　與佩環、玦而賦以某種寓意相近的,是有人佩弦、佩韋。《韓非子·觀行》:「西門豹之性急,常佩韋以自緩;董安於之心緩,常佩弦以自急。」《論衡·率性》略同,並云:「能納韋、弦之教,補接不足,則豹、安於之名可得而參也。」這是因為皮革經過鞣製加工後性質柔軟,而弦在弓上總是繃得很緊,所以佩帶在身可以起到「座右銘」的作用。後人提到弦韋也都指佩弦佩韋以自警。例如《後漢書·第五倫傳》:「昔人以弦韋為佩,蓋猶此矣。」《舊唐書·李德裕傳》:「德裕獻《丹扆箴》六首,帝手答之曰:『置之坐隅,用比韋弦之益;銘諸心腑,何啻藥石之功。』」

　　容刀也是一種佩飾。《詩經·大雅·公劉》:「何以舟之?維玉及瑤,鞞琫容刀。」但《釋名》不以為是加了裝飾的刀:「佩刀,在佩旁之刀也。或曰容刀,有刀形而無刃,備儀容而

已。」大概劉熙是據漢代禮儀解釋的。在上古，人們佩帶刀劍，既是裝飾，也用以自衛。《史記‧秦本紀》：「簡公六年，令吏初帶劍。」《正義》：「春秋官吏各得帶劍。」《説苑‧反質》：「經侯往適魏太子，左帶羽玉具劍，右帶環佩，左光照右，右光照左。」可見平時也佩帶劍，而且當做「服」飾。《史記‧蕭相國世家》：「於是乃令蕭何〔第一〕，賜帶劍、履上殿，入朝不趨。」蕭何因為功列第一，特准帶劍上殿，可見漢代是禁止臣子攜帶武器見君的。漢代蓋承秦制。《史記‧刺客列傳》：「秦法，群臣侍殿上者不得持尺寸之兵；諸郎中（警衛人員）執兵皆陳殿下，非有詔召不得上。」因此荊軻要刺秦王只能把匕首藏在地圖中，而秦王侍臣夏無且只能以藥囊打荊軻，其他人員看着荊軻追秦王都毫無辦法。朝廷既有此禁令，要佩刀劍以為飾便只好做劉熙所説的容刀。

帨巾是佩巾。字又作帥。《説文》：「帥，佩巾也。帨，或從兑。」《詩經‧召南‧野有死麕》：「舒而脱脱（舒緩的樣子）兮，無感（撼）我帨兮，無使尨（狗）也吠。」又稱紛帨（同帉帨）。《禮記‧內則》：「子事父母。雞初鳴，咸盥、漱、櫛、縰、笄、總……左右佩用（佩帶上備用的東西）：左佩紛帨、刀、礪、小觿、金燧，右佩玦、捍、管、遰、大觿、木燧。」可見帨既是裝飾，又是平時使用的物件。

　　帨的用途是拭手、去污垢。《禮記・內則》:「進盥,少者奉槃,長者奉水,請沃盥。盥卒,授巾。」鄭注:「巾以帨手。」又:「子生,男子(男孩子)設弧(弓)於門左,女子設帨於門右。」這是因為帨是幹家務所必需,而在封建社會是「男不言內,女不言外」的。《玉篇》説佩巾「本以拭物,後人著之於頭」,即佩巾與頭巾是上古一物的分化。其實佩巾與蔽膝也屬同源,所以《廣雅》、《方言》都説「大巾」是蔽膝。巾而加大字,既説明蔽膝也是巾,也説明已不同於佩巾(參見上文)。

　　巾既經分化,所以古代詩文中涉及巾時,有關男子的多指頭巾,有關女子的多指佩巾、手巾。例如杜甫《麗人行》:「楊花雪落復白蘋,青鳥飛去銜紅巾。」晉無名氏《子夜四時歌》:「香巾拂玉席,共郎登樓寢。」若明言手巾,則為男女所同有。《世説新語・文學》:「謝〔尚〕注神傾意,不覺流汗交面,殷〔浩〕徐語左右:『取手巾與謝郎拭面。』」因為「帨」是上古的名稱,所以在後代詩文中並不多見。韓愈《李花》:「長姬香御四羅列,縞裙練帨無等差。」

　　《內則》所説的「觿」也是古人常帶的佩物。《説文》:「觿,佩角,鋭耑(端),可以解結。」《詩經・衛風・芄蘭》:「芄蘭之支,童子佩觿。」毛傳:「觿,所以解結,成人之佩

也。」《內則》鄭注:「小觿,解小結也。觿貌如錐,以象骨為之。」觿的遺跡直到現在還有。例如北方的趕車人(車把勢)常隨身攜帶一曲錐形的骨角(一般為牛角所製),以備途中套繩或捆貨粗繩斷了以後續接。但兼作佩飾則是上古的事,大約是遊牧生活的遺跡。所以在後來的詩文中出現的「觿」等並不是寫實,而是藉以泛指飾物。如韓愈《寄崔立之》:「願君恆御之,行止雜燧觿。」「操觿」則表示解結。《說苑》:「百人操觿,不可為固結;千人謗獄(訴訟),不可為直辭。」「觿年」來源於《芄蘭》詩,指童孩時期。

《內則》中提到的礪是磨刀石,金燧、木燧是取火的工具,捍是射者的皮質護袖,管略似筆套,遰是刀鞘。因為這些東西大多後來都不再是佩飾,因此這裡無需一一敘述。

古人還喜歡在身上佩帶香袋,裡面放香草香料,類似後代荷包的樣子。香袋古稱容嗅(氣味)。《內則》:「男女未冠笄者……皆佩容嗅。」後來則稱香囊,而且不限於佩帶。《晉書·劉寔傳》:「寔嘗詣石崇家,如廁,見有絳文帳,裀褥甚麗,兩婢持香囊。寔便退,笑謂崇曰:『誤入卿內(內室)。』崇曰:『是廁耳。』」又《謝幼度傳》:「〔幼度〕少好佩紫羅香囊,叔父〔謝〕安患之而不欲傷其意,因戲賭取,即焚之。」杜甫《又示宗武》:「試吟青玉案,莫帶紫羅囊。」用的正是謝

幼度的典故。古代也有稱香袋的。《洛陽伽藍記》卷五:「惠
生初發京師之日,皇太后敕付五色百尺幡千口、錦香袋五
百枚。」

　　佩飾是隨着時間的推移而變化的,是各個時代風尚的組
成部分。各個時代花樣不斷翻新,這裡不能一一列舉。總的
說來,它的作用也和服裝一樣,主要是為了美觀和標誌地
位。其中,有些還依稀保留着人類原始社會生活狀況和習
俗的痕跡,這是要從社會學的角度去觀察、研究的。

第二編　飲食和器皿

我國飲食之考究、烹調技術之高超，是早已聞名世界的。千百年來飲食技術的不斷演進提高，是我文明古國燦爛文化的一個組成部分。在我國古代的優秀詩文作品中，時常可以見到有關飲食的記述和描寫。對古人飲食習慣有個大致了解，無疑會有助於我們對古代作品的閱讀和欣賞。下面，我們就主食、肉食、烹調、酒以及食器等方面分別作些簡單的介紹。

(一) 主食

禾	稼	黍	粟	稷
粱	麥	麰	菽	豆
麻	穄	苴	枲	稻
秔	粳	秫	重	穋

我國自進入農業社會後，就以糧食作物為主食，所以自周秦以來，詩文中關於糧食的記述很多。糧食作物古代統稱五穀或六穀。

至於五穀六穀所包括的品種，則歷來說法不一，比較可信的說法是黍、稷、麥、菽、麻為五穀，六穀即再加上稻。現在依次敘述。

黍即現代北方的黍子，又叫黃米，狀似小米，色黃而黏。稷是今天的小米，現在北方稱其作物為穀子。我國西北地區適合穀子的種植，在「靠天吃飯」的古代，穀子也較能適應風雨不時的乾旱氣候，因而在相當長的歷史時期裡，稷是最重要的糧食。古代以「社稷」代表國家，例如《左傳‧僖公三十三年》：「服於有禮，社稷之固也。」社為社神（參看第三編），稷為穀神。《白虎通‧社稷》：「王者所以有社稷何？為天下求福報功。人非土不立，非穀不食。土地廣博，不可遍敬也；五穀眾多，不可一一祭也。故封土（等於說堆土）立社示有土尊；稷，五穀之長，故立稷而祭之也。」稷的這一突出地位是由它對人們生活的重要性所決定的。

古代黍與稷還經常連在一起說。例如《詩經》屢言「黍稷重穋」（《豳風‧七月》、《魯頌‧閟宮》），「黍稷方華」（《小雅‧出車》），「黍稷或或」（《小雅‧信南山》），「黍稷薿薿」（《小雅‧甫田》），等等。其他文獻中這類現象也不少。由此可見，黍在古人生活中的地位僅次於稷。《論語‧微子》記載，孔子的弟子子路遇見隱者，隱者「止子路宿，殺雞為黍而食之」，

按照當時的伙食標準看，這頓招待飯已經是很不錯的了。

麥子的地位似乎沒有黍和稷那麼突出。麥子有大麥小麥之分，古代稱大麥為麰。《孟子‧告子上》：「今夫麰麥，播種而耰之，其地同，樹（種）之時又同，浡然而生，至於日至（指夏至）之時，皆孰矣。」「麰麥」即大麥。《詩經‧周頌‧思文》：「貽我來麰，帝命率育。」這兩句詩是說，天帝賜給周小麥（「來」）、大麥，命令武王遵循后稷（周的始祖）以稼穡養育萬民的功業。來、麰進入神話傳說並與周之延續與擴大聯繫起來，可見這類作物與人們生活關係之密切。

菽就是豆子，原指大豆，又作豆類的總名。《説文》：「尗，豆也。」尗即菽，段玉裁説，「尗、豆古今語」，「此以漢時語（豆）釋古語（菽）也」。《詩經‧豳風‧七月》：「禾麻菽麥。」又《小雅‧小宛》：「中原有菽，庶民採之。」

麻之所以列入穀類，是因為麻籽可以充飢。麻籽叫蕡、苴，又叫枲。《列子‧楊朱》：「昔人有美戎（大）菽、甘枲莖芹萍子者，對鄉豪稱（稱讚）之。鄉豪取而嘗之，蜇（等於説疼）於口，慘（也是疼的意思）於腹，眾哂（笑）而怨之，其人大慙（同慚）之。」可見麻籽在貧苦人看來味道還可以，而富貴人是難以下嚥的。《詩經‧豳風‧七月》：「九月叔（拾取）苴。」夏曆九月正是麻籽成熟的時候，拾起來「食我農夫」，可

見麻籽甚至是農民們的主要食品之一。（苴、枲又用以指麻。這種植物及其果實同名的情況在古今語言中都是很常見的。）

古書中還時常見到一些有關糧食作物的名稱，如粟、粱、稻、禾、穀等。

粟是黍的籽粒。《詩經‧小雅‧黃鳥》：「交交（鳥鳴聲）黃鳥，無（勿）集於穀，無啄我粟。」後來，則用粟作為糧食的通稱。《史記‧項羽本紀》：「章邯圍鉅鹿，築甬道而輸之粟。」《韓非子‧顯學》：「磐石千里，不可謂富；象人（俑人）百萬，不可謂強……磐不生粟，象人不可使距（拒）敵也。」又：「徵賦錢粟以實倉庫，且以救饑饉備軍旅也。」

粱是稷的良種。《小雅‧黃鳥》：「交交黃鳥，無集於桑，無啄我粱。」《後漢書‧五行志》：「桓帝之初，京都童謠曰：『……以錢為室金為堂，石上慊慊舂黃粱。』」黃粱則是粱中的上品。

稻在中原地區的種植比上述幾種作物要晚，大約起於周代。稻類有黏與不黏的分別，「稻」最初專指黏者，不黏的叫秔（同稉、粳），又叫穄、秫等等。黏稻適於做酒，《晉書‧陶潛傳》：「潛為彭澤令，公田悉令種秫，曰：『令吾常醉於酒，足矣。』妻子固請種稻，乃使一頃五十畝種秫，五十畝種稻。」「稻」作為稻類的總稱是稍後的事。

因為稻與粱都是「細糧」，所以二者常常連言以代表精美的主食。例如，《詩經·唐風·鴇羽》：「王事靡盬（指徭役沒完沒了），不能蓺稻粱，父母何嘗（吃）。悠悠蒼天，曷（何）其有常。」杜甫《壯遊》：「國馬竭粟豆，官雞輸稻粱。」這是說明唐明皇的鬥雞、舞馬所耗費的都是上好的糧食。

禾本來專指稷，後來成為糧食作物的通稱。《詩經·豳風·七月》：「十月納禾稼，黍稷重穋，禾麻菽麥。」其中第二個「禾」字即專指稷，而第一個「禾」字則是泛指，「禾稼」二字包括了後兩句開列的八種作物（重是早種晚熟的稻，穋是晚種早熟的稻）。人們熟知的李紳《憫農》詩：「鋤禾日當午，汗滴禾下土」，其中的「禾」字也是泛指。再往後，「禾」又成為稻的專稱。黃庭堅《戲詠江南風土》：「禾舂玉粒送官倉」，玉粒即大米，則禾即稻。至今南方仍然保留着這種稱呼。

現在談談用糧食做成的食品。

糗 糒 糇 餅 糍
餌 粥 飦 饘 饊

在上古，主食的花樣似乎並不多。下面介紹幾種常見的。

糗（qiǔ），是炒熟的米、麥等穀物，類似現在的炒米、炒豆、炒玉米等。炒熟後再舂或碾成粉也叫糗。《尚書·費誓》：「峙乃糗糧，無敢不逮，汝則有大刑。」（儲備好你的糗糧，不得讓有些人吃不上，否則你就要

受到軍法處置。峙：預備。乃：你的。逮：及。）《國語·楚語》：「成王聞子文之朝不及夕也，於是乎每朝設脯一束、糗一筐以羞（同饈，贈送食品）子文。」糗便於攜帶，無火也可就食，所以常作行路之糧；糗既熟，可以省去每餐舉火之費，所以食糗也是生活儉樸的一種表現。《費誓》中說「峙糗」即為出征，而《孟子·盡心下》：「舜之飯糗茹（吃）草（指粗劣之食如野菜等），若將終身焉」，則是說舜過一般老百姓的日子而已。

焙（用微火烘烤）與炒差不多，因此糗又稱為糒（焙、糒同音）。《史記·李將軍列傳》：「大將軍（衛青）使長史持糒醪（濁酒，詳見本編下文）遺廣。」《漢書·匈奴傳下》：「胡地秋冬甚寒，春夏甚風，多齎（攜帶）鬴鍑（鬴同釜。釜鍑都是鍋，詳見本編下文），重不可勝，食糒飲水，以歷四時，師有疾疫之憂。」糗與糒連言，意思是一樣的。《後漢書·隗囂傳》：「囂病且餓，出城餐糗糒，恚憤而死。」糗糒不易消化，遇水膨脹，「病且餓」的人不當心，吃了會加病，所以隗囂的直接死因是糗糒，而並非「恚憤」。（古代的餓比今天的餓分量重，指飢餓得很厲害，幾乎成為病態。）

糗也叫餱（又寫作糇）。上面所引的《尚書·費誓》，「糗糧」，一本即作「餱糧」。《詩經·大雅·公劉》：「乃裹餱糧，於橐於囊。」《左傳·襄公九年》：「〔晉〕令於諸侯曰：『修

器備，盛餱糧，歸老幼，居疾（病號）於虎牢，肆眚（釋放罪人。眚：罪人），圍鄭。』」其實，在古代單說一個「糧」字也就是指餱糧。《周禮·廩人》：「凡邦有會同師役之事，則治其糧與其食。」鄭玄注：「糧謂糒也，止居曰食，謂米也。」《莊子·逍遙遊》：「適（往）千里者三月聚糧。」要走千里路就須準備大量的糗糒，而炒、焙費工，所以三個月前就要動手。《漢書·嚴助傳》：「丁壯從軍，老弱轉餉（軍糧），居者（在家的）無食，行者（從軍的）無糧。」在這裡也是糧與食對舉，食與「居」、糧與「行」分別聯在一起。據此，則我們遇到古代作品中的「糧」字，就不要隨便地一概當做今天所說的糧食。例如《左傳·文公十二年》：「秦軍掩晉上軍，趙穿（晉大夫）追之，不及，反（返），怒曰：『裹糧坐甲，固敵是求。敵至不擊，將何俟（等待）焉！』」裹糧，所裹的是糗糧。《論語·衛靈公》：「〔孔子〕在陳絕糧，從者病，莫能興（起不來床）。」這裡的「糧」字，也指餱糧。大約自漢代後期起「糧」字才泛指糧食。《後漢書·和帝紀》：「詔貸被災（受災）諸郡民種糧。」而且，「餱糧」漸漸地也泛指一般糊口之物了。白居易《採地黃者》：「採之將何用？持之易餱糧。」柳永《煮鹽歌》：「自從滷鹵至飛霜，無非假貸充餱糧。」

　　古代也有餅，但並不是像現在那樣烙成的，而是把麥或

米（稻、黍）搗成粉狀，加水團成的。麥粉做的叫餅，米粉做的叫粢。做粢還有另外一種操作過程：先將米粉乾蒸，趁其濕潤團成餅形。餅、粢雖然性質相近，但在古代作品中提到餅的地方更多些。例如《漢書·宣帝紀》：「每買餅，所從買家輒大售（賣得多）。」《世說新語·容止》：「何平叔（何晏）美姿儀，面至白，魏明帝疑其傅粉，正夏月，與熱湯餅，既噉（同啖，吃），大汗出，以朱衣自拭，色轉皎然。」熱湯餅，類似現在北方的煮小餅、煮窩窩，只不過這兩樣都是玉米麵做的。大約至遲到六朝時，已有蒸餅的吃法，但未必是發麵的。《晉書·何曾傳》：「〔何曾〕廚膳滋味過於王者，帝輒命取其食蒸餅，上不拆作十字不食。」崔寔《四民月令》：「寒食（古代節日，在清明前二日）以麵為蒸餅樣，團棗附之，名曰棗糕。」這種吃法豈不與今日無異？

　　餌與餅、粢同類，為米粉所做。《後漢書·樊曄傳》：「初，光武微時，嘗以事拘於新野，曄為市吏（管理市場的官吏），餽餌一笥，帝德之不忘。」《病婦行》：「道逢親交，泣坐不能起，從乞求與孤買餌。」後來有所謂釣餌、魚餌，即因為係用米、麥粉和以水或油團成，性質與粢、餌同；「藥餌」，也取其製法與形狀跟餌相似。杜甫《寄韋有夏郎中》：「親知天畔少，藥餌峽中無。」現在雲南還有「餌塊」，為米

粉所製的餅狀物，當即古代餅、粲、餌的遺留。

古代也喝稀飯。《穀梁傳·昭公十九年》：「〔太子〕止哭泣，歠（飲）飦粥，嗌（咽喉）不容粒，逾年而死。」粥相當於現在的稀粥，飦又寫作饘，是稠粥。《左傳·僖公二十八年》：「執衛侯，歸之於京師，寘（置）諸深室，甯子（名俞，衛大夫）職納橐饘焉（即承擔起給衛侯送衣、食的任務）。」

古代還有一種吃法叫饡。《說文》：「以羹澆飯也。」即與今天的蓋澆飯、維族的抓飯相近。《楚辭·九思·傷時》：「時混混兮澆饡。」王逸注：「言如澆饡之亂也。」陸游《川食詩》：「禾論索餅與饡飯，最愛紅糟與𤆵（熬）粥。」

（二）肉食

牛				
羊	羔			
豕	豚	㹠	豷	
雞				
狗				
鴿	豺	貉	鴰	鶉
鰭	雀	黿	熊蹯	

肉食（包括水產）是古人副食的主體，這一方面是由於遊牧生活的習慣在進入農業社會以後不會很快消失，另一方面蔬菜的栽培還處於較初級的階段，野生者多，家種者少。富貴之家以一些菜蔬為配料，貧賤者只能以野蔬充飢（詳

後）。蔬菜在副食中所佔的比例增大，這不但反映着菜圃技術的提高，而且也與烹飪工具和技術的改進相適應。《詩經‧豳風‧七月》：「六月食郁及薁，七月亨（烹）葵及菽（指豆葉）」；「七月食瓜，八月斷壺（葫蘆），九月叔苴。採荼薪樗（臭椿），食我農夫。」其中葵、瓜、壺屬於現代意義上的「菜」，郁、薁、荼便是野果野菜。菜多糧少，不及肉味，是勞苦大眾飯食的普遍情況。

古人肉食中以牛、羊、豬為最重要，狗肉、野味也是肉食的重要來源。

古人以牛羊豕（豬）為三牲。祭祀或享宴時三牲齊備叫太牢，只有羊豕叫少牢，太牢是最隆重的禮。《禮記‧王制》：「天子社稷皆太牢，諸侯社稷皆少牢。」《左傳‧桓公六年》：「子同（魯莊公）生，以大（太）子生之禮舉之，接以大（太）牢。」

牛是農業生產的重要工具，飼養也不及羊、豬迅速，所以《王制》上規定：「諸侯無故不殺牛，大夫無故不殺羊，士無故不殺犬、豕，庶人無故不食珍（指稀有珍貴之物）。」鄭玄注：「『故』謂祭享。」大夫以下既然平時不能殺羊、犬等，不得殺牛當然更不在話下了。但是這只是書面文章，實際上從來沒有被歷代統治者所遵守。《左傳‧僖公三十三年》

載，秦師襲鄭，鄭國商人弦高路遇秦師，於是以「牛十二犒
師」。幾萬人的軍隊只送去十二頭牛，未免太少了，但由於
牛的珍貴，因此這份犒勞也不算輕。而軍隊吃牛肉，這就透
露了《王制》所說並非實際情況的消息。漢代以後許多帝王
也有過禁止屠牛的禁令，例如梁代謝朓的兒子謝譓，「官至
司徒右長史，坐殺牛於家，免官」。但這是個別現象，在一
般情況下這種規定同樣不能貫徹。例如《史記‧范睢蔡澤列
傳》：「齊襄王聞睢辯口（能說會道），乃使人賜睢金十斤及
牛、酒。」以牛送禮，這當然不是「無故不殺牛」。范睢雖然
沒敢接受，但是也因此而被懷疑出賣了情報而差點送了命，
可見「牛」在當時屬貴重的禮，引人注意。又如《史記‧馮
唐列傳》：「〔魏尚〕出私養錢，五日一椎（擊殺）牛，享賓客、
軍吏、舍人，是以匈奴遠避，不近雲中之塞。」這一方面說
明殺牛是任意的，另一方面軍吏等人五天吃一頓牛肉就為
魏尚效命，邊塞得以保全，也足見牛的「力量」之大了。《容
齋逸史‧方臘》：「眾心既歸，乃椎牛釃酒，召惡少之尤者百
餘人會飲。『牛』、『酒』並稱而被視為美食，看來直至宋代
依然。

羊是較普通的肉食。楊惲《報孫會宗書》：「田家作（勞
動）苦，歲時伏臘，烹羊炰羔，斗酒自勞。」楊惲雖然曾被封

侯，廣有產業，但此時已被廢為庶人，自稱「戮力耕桑」，他這裡說的大體是一般有產者的生活。《漢書·盧綰傳》：「綰親（指父親）與高祖太上皇相愛，及生男，高祖、綰同日生，里中持羊酒賀兩家。及高祖、綰壯，學書，又相愛也，里中嘉兩家相親愛，生子同日，壯又相愛，復賀羊酒。」以羊酒相賀，既是「里中」的習慣，也符合劉、盧兩家當時的身份地位。

羊肉中羔肉美於大羊。《詩經·豳風·七月》：「四之日其蚤（早），獻羔祭韭。」「蚤」是對司寒之神的祭祀，用羔是較高貴的。《禮記·曲禮》：「凡贄（初次見面時送的禮）……卿羔，大夫雁。」則羔貴於雁。古人說「卿羔者取其群而不黨（偏私）」，「大夫以雁為贄者取其飛成行列也，大夫職在以奉命之適四方，動作當能自正以事君也。」（見《白虎通義·文質》）其實這都是強行附會，以羔、雁為禮，不過是遠古遊牧時代風俗的遺跡罷了。

豬也較普遍。《孟子·梁惠王上》：「雞豚狗彘之畜無失其時（繁殖的時機），七十者可以食肉矣。」彘又稱豨，豚是小豬，又寫作㹠。孟子列數家畜時，一句話中兩次說到豬，足見它在人們生活中的地位。跟羔、羊之間的關係一樣，豚比較好吃，所以羔豚並稱以代表美味。《後漢書·仲長統

傳》:「良朋萃止,則陳酒餚以娛人;嘉時吉日,則烹羔豚以奉之。」《世說新語‧任誕》:「阮籍當葬母,蒸一肥豚,飲酒二斗。」肥豚與酒,即所謂美食,都是喪葬之禮所不容,阮籍葬母而大吃,此其所以為放誕。又:「劉道真(名寶)少時常漁草澤,善歌嘯,聞者莫不留連。有一老嫗,識其非常人,甚樂其歌嘯,乃殺豚進之。道真食豚盡,了不謝。嫗見不飽,又進一豚,食半餘半,乃還之。後為吏部郎,嫗兒為小令史,道真超用之(破格提拔),不知所由。問母,母告之。於是齎牛、酒詣道真。道真曰:『去,去!無可復用相報。』」劉寶一頓就吃了一隻半豚,可見豚之小,其肥嫩可知;豚乃美味,足見老嫗之情,所以他做官後設法相報;老嫗之子進以牛、酒,是因為劉寶地位變了,禮需與人相稱,又可見牛高於豚。《論語‧陽貨》:「陽貨欲見孔子,孔子不見,歸(饋)孔子豚。」權勢顯赫的陽貨送給著名學者豚,並想藉對方回拜的機會見面,這說明按當時的標準看,一隻豚已經不是很輕的禮了。

　　古人喜歡吃狗肉,所以《孟子》中把狗跟雞、豬並提。而在《孟子‧盡心上》中孟子又說:「五母雞、二母彘,無失其時,老者足以無失肉矣。」則只以雞、豬並提,這說明狗肉是可有可無的,在人們生活中的地位低於豬。

　　《左傳‧昭公二十三年》載，魯國的大夫叔孫被晉國扣留，「吏人(晉國治獄的官吏)之與叔孫居於箕者(箕：地名，叔孫被拘之處)，請其吠狗(看門狗)，弗與。及將歸，殺而與之食之。」吏人要活的不給，是避賄賂之嫌；臨回國時殺了狗請客，是為了表明自己不是捨不得。而吏人跟「犯人」要狗吃，這不但反映了當時人們對狗肉的興趣之大，而且說明狗是隨時可以殺掉吃的。《晏子春秋》載，齊景公的「走狗」(獵狗)死了，景公要用棺斂之，還要祭祀。晏嬰提了意見，於是景公「趣(促)庖治狗，以會朝屬」，那麼，連諸侯也用狗肉請客了。

　　因為食狗者多，所以屠狗就成了一個專門的職業。在古書裡提到「狗屠」的地方要比說屠羊等多得多。例如戰國時有名的刺客聶政，即「家貧，客遊以為狗屠」(《史記‧刺客列傳》)。劉邦的大將樊噲也「以屠狗為事」(《樊噲列傳》)。刺殺秦王的荊軻「既至燕，愛燕之狗屠及善筑(一種樂器)者高漸離」(《史記‧刺客列傳》)。《後漢書‧朱景王等傳》：「降自秦漢，世資戰力，至於翼輔王運，皆武人屈(崛)起，亦有鬻(賣)繒屠狗之徒，崇以連城之賞，佐以阿衡之地(指封以要害之地)。」屠狗一業之所以有名，是跟其中曾經隱藏着有作為的人物分不開的。

　　歷代達官貴人都是極為重視口腹之慾的，山珍海味無不厭飽。對於他們宴桌上的佳餚，我們這裡無需一一涉及，只舉幾個有代表性的例子即可窺見一斑了。

　　例如枚乘《七發》敘述「天下之至美（美味）」時寫道：

> 　　犓牛之腴，菜以筍蒲；肥狗之和，冒以山膚。楚苗之食，安胡之飱（飯），摶之不解，一啜而散。於是使伊尹煎熬，易牙調和。熊蹯之臑，勺藥之醬，薄耆之炙，鮮鯉之鱠，秋黃之蘇，白露之茹，蘭英之酒，酌以滌口，山梁之餐，豢豹之胎，小飯大歠，如湯沃雪。

拋開這一段中楚地苗山之禾、雕胡（安胡）米飯不說，「和」、羹（「冒」）、「勺藥」等留在下文敘述，單看作者所開列的肉類原料，計有小牛肥肉、肥狗肉、熊掌、裡脊、鯉魚、豹胎等，其中熊掌與豹胎又是難得的山珍。又如傳說為屈原弟子的宋玉所作的《招魂》，提到楚國貴族的飲食：

> 　　室家遂宗，食多方些。稻粢稷麥，挐黃粱些。大苦鹹酸，辛甘行些。肥牛之腱，臑若芳些。和酸若苦，陳

吳羹些。濡鱉炮羔，有柘漿些。鵠酸臇鳧，煎鴻鶬些。
露雞臛蠵，厲而不爽些。(室家：指王族。宗：眾多。粢：
稷。稻：稻田種的麥子。挐：摻雜。大苦：指豆豉。臑：
同胹，煮。柘：甘蔗。臇：少汁的羹。鶬：鳥名。蠵：
大龜。厲：指味濃。)

《大招》中也有類似的描寫，除上述作品所提到的禽、獸，還
有鴿、豺、貉、鴰、鶉、鰿(魚名)、雀等等。

對有些山珍水產，古人有特別的嗜好。例如《左傳·宣
公四年》載，楚國送給鄭靈公黿(即大鱉)：

公子宋與子家將見〔靈公〕，子公(即公子宋)之
食指動，以示子家，曰：『他日我如此，必嘗異味。』
及入，宰夫將解黿，相視而笑。公問之，子家以告。
及食大夫黿，召子公而弗與也。子公怒，染指於鼎，
嘗之而出。公怒，欲殺子公。

稱黿為「異味」，將食則喜，不與則怒，最終這件事竟成了
子公二人殺掉靈公的導火線，足見當時貴族對珍奇食品的重
視。又《左傳·宣公二年》：

晉靈公不君……宰夫胹熊蹯不孰（熟），殺之，寘
（置）諸畚（草編盛器），使婦人載以過朝。

因吃熊掌而殺人，既暴露了晉靈公的殘虐，也説明熊蹯的
重要。

（三）烹調

早在周秦，烹
調技術已經達到了
相當高的水平。我

八珍	煎	炮	醃	擣	熏	烤	熬
炙	燔	膾	醢	羹	脯	脩	

們可以毫不誇張地説，現代烹調的主要方法在從春秋到秦漢
階段已經基本具備了，後來的改進提高，主要是在炊具與火
力的演進推動下向着精、細發展。

《周禮‧膳夫》：「凡王之饋……珍用八物。」鄭玄注云：
「『珍』謂淳熬、淳毋、炮豚、炮牂（母羊）、擣珍、漬熬、肝
膋（腸上脂肪，即網油）。」這就是歷代古籍中經常提到的「八
珍」。《禮記‧內則》對「八珍」有更詳細的記述。綜合起來
看，這八珍中包含着多種烹調方法：

煎。淳熬、淳毋，即把醢（hǎi，肉醬，詳後）煎了以後

加到稻米飯（淳熬）或黍米飯上，再用動物油脂澆在上面。

　　炮。古代的炮與今天不同，今天稱把魚肉等用油在急火上炒熟為炮，而古代則指在禽畜外面裹塗上泥巴後放到火上或火中去燒。從《內則》看炮豚與炮牂的製作順序是十分複雜的：先將豚、牂宰殺，去掉內臟；在腔內填滿棗子；用亂草從外面纏裹住，並塗上泥；火把泥巴燒乾後，掰開泥巴，並用手拂去皮肉上的薄膜，這樣殘剩的泥、草也就去掉了；把發過酵的粥狀米粉塗在上面，然後放在油裡煎，煎時油一定要沒過豚、牂；把豚（整個地）、牂（切成條子肉）放在小鼎中，小鼎放在大鍋中，大鍋內裝上水，在鍋下連燒三天三夜。這時，就可以加上醋、醢等作料食用了。

　　醃。「漬熬」的做法是：把新鮮牛肉切成薄片，放在好酒裡浸泡一晝夜，然後加上作料食用。

　　擣。把牛羊或其他野味的裡脊肉擣爛，去其筋腱、薄膜，加上作料。這就是「擣珍」。

　　熏烤。把牛肉用草紮起，灑上桂、薑、鹽，烤乾，這種做法類似現代南方的風乾牛肉、牛乾巴。此後有兩種吃法：或加醢煎食，或擣成粉末。這後一種吃法，已經接近今天的肉鬆了。這就是「熬」。肝膋也是烤：一隻狗肝，用網油包住，放在火上烤焦。

後代的烹調方法愈演愈精，名稱改變了，但其原理是一樣的。古書中常見的一些吃法或肉食品名稱，如炙、膾、醢、脯等，其中也都包括着上述的一些烹調技術。

炙即烤肉。炙字下邊是火字，上邊的形體則是肉字的變形。這個字形象地表現了「炙」的方法。《詩經·小雅·瓠葉》：「有兔斯首，燔之炙之。君子有酒，酌言酢之。」（斯：白。言：語助詞，無義。）燔也是烤，與炙的不同在於「柔者炙之，乾者燔之」（鄭箋）。孔穎達《詩經·小雅·楚茨》正義：「燔者火燒之名，炙者，遠火之稱。以難熟者近火，易熟者遠之。」所謂乾者、難熟者，即肉脯（fǔ，府。詳下），柔者、易熟者即把動物肢解後的一塊塊鮮肉。這樣看來，炙就是現在烤羊肉串的先聲。炙這種吃法來源於遠古遊牧生活中的野餐，《禮記·禮運》說：「昔者先王未有宮室，冬則居營窟（地上壘土成圓形，下面挖坑），夏則居橧巢（構木為巢）；未有火化，食草木之實，鳥獸之肉，飲其血，茹其毛；未有麻、絲，衣其羽皮。後聖有作，然後脩火之利，範金（冶鑄器具）合土（製造磚瓦），以為台榭宮室牖戶，以炮，以燔，以亨（烹），以炙，以為醴酪，治其麻、絲，以為布帛。」這段話，除了把文明生活的起源歸之於「後聖」不可信外，其餘的都符合人類社會發展的事實。其中關於飲食的敘述，正揭示了

炮、燔、烹、炙作為烹調方法的原始性。

炮、燔等吃法，最初都是食者自己動手切割然後炮、燔的，直到後代，仍然是自製自吃，使其帶點「野味」才有意思。尤其是「炙」，至今仍有許多地方是自己烤。《南齊書·劉瓛傳》：「〔武陵王〕曄與僚佐飲，自割鵝炙。〔劉〕瓛曰：『應刃落俎（指把鵝肉削落在砧板上），膳夫之事，殿下親執鸞刀（飾有小鈴的刀），下官未敢安席。』因起，請退。」其實，蕭曄是頗懂得食炙的奧妙的，但卻為禮教所不許。

炙的具體做法也有多種，單據《釋名》所列，就有脯炙、釜炙、脂炙、貊炙、膾炙等，這裡不一一敘述。

膾。《釋名》：「膾，會也。細切肉，令散，分其赤白，異切之（即把肥肉與瘦肉分開切），已，乃會合和之也。」是膾為極細的肉絲。但其細緻的做法，今已失傳。《孟子·盡心下》：「公孫丑問曰：『膾炙與羊棗（蓋即今所謂黑棗）孰美？』孟子曰：『膾炙哉！』」接着，孟子還說：「膾炙所同也」，意思是膾炙是人們共同喜好的。從孟子的感歎語氣中，我們不難看出，在當時人的心目中膾與炙一樣是美味。現在還有成語「膾炙人口」，意即如膾、炙那樣為人所同嗜，因而被人們口頭傳誦，也是把膾與炙視為同類美味的。

膾的特點是把肉切細。《論語·鄉黨》：「膾不厭細。」

越細越好，這是符合膾的技術要求的。歷史上的確有極其高明的刀工好手。例如《酉陽雜俎・物革》曾經提到「進士段碩常識南孝廉者，善斫膾，縠薄絲縷，輕可吹起」。這位南孝廉切的是魚，魚膾的來源也很古。《詩經・小雅・六月》：「飲御諸友，炮鱉膾鯉。」膾鯉很可能就是生鯉魚片。這樣看來，現在被譽為日本名菜的生魚片也是發源於我國的。

　　上文已提到，醢是肉醬。醢的製作過程很複雜，一般是先把肉製成乾肉，然後鍘碎，加進粱米製作的酒麯和鹽攪拌，再用好酒浸漬，密封在瓶子裡，經過一百天才可食用。作工這樣細，手續這樣多，其味道之美可知。用以製醢的不僅是牛羊豕肉，野味、水產也可以做，如兔醢、麋醢、魚醢、蜃（蛤蜊）醢等。因為醢的特點是把肉剁碎，因而移以言人，則稱剁成肉醬的酷刑為醢。《史記・殷本紀》：「九侯（即鬼侯）入之紂。九侯女不熹（同喜）淫，紂怒，殺之，而醢九侯。」《禮記・檀弓上》載，子路在衛國的內亂中被殺，「孔子哭子路於中庭，有人弔者而夫子拜之。既哭，進使者而問故，使者曰：『醢之矣。』〔孔子〕遂命覆醢（等於說把醢倒掉）。」孔子欲食之醢，與子路被醢無關，但是據說對人施以醢刑是「示欲啗食以怖眾」（《檀弓》鄭眾注），性質、目的都有一致處，容易引起聯想，所以孔子不再食醢。

　　與炙、膾等不同，醢並不是單獨食用的，而是當其他肉食如炮豚、炮牂、漬熬等做好後加進去配合使用的，從這個角度說，醢近似於調料。

　　在上一節裡我們提到過「以羹澆飯」的「饋」，那麼「羹」是甚麼呢？《說文》：「羹，五味盉（和）羹也。」即它是以肉加五味煮成的肉汁。《左傳‧隱公元年》：「〔潁考叔〕有獻於公（鄭莊公），公賜之食。食捨肉。公問之，對曰：『小人有母，皆嘗（吃）小人之食矣，未嘗君之羹。請以遺之。』」先說潁考叔留下肉不吃，而後說要把羹帶給母親，說明羹是以肉為主的。《史記‧張儀列傳》：「〔趙襄子〕與代王飲，陰告廚人曰：『即酒酣樂（趁着酒喝得痛快的時候），進熱啜，反斗以擊之。』」司馬貞《索隱》：「謂熱而啜之，是羹也。」羹而稱熱啜，而且以「斗」進獻，又說明羹主要是供喝的。《後漢書‧陸續傳》載，陸續入獄，「續母遠至京師，覘（chān，窺探偵聽）候消息。獄事持急，無緣與續相聞。母但作饋食，付門卒以進之……〔續〕對食悲泣，不能自勝。使者怪而問其故，續曰：『母來不得相見，故泣耳。』使者大怒，以為獄門吏卒通傳意氣，召將案（審問）之。續曰：『因食餉羹，識母所自調和，故知來耳。非人告也。』使者問：何以知母所作乎？續曰：『母嘗截肉，未嘗不方；斷蔥以寸為度。是以知之。』」

由這個故事我們可以知道，羹要用「方子肉」、「段兒蔥」；續母截肉必方、斷蔥必寸，操作是很「規矩」的，陸續據此而判定為母親所做，又可以使我們聯想到當時一般人做羹並不這樣嚴格。《史記·項羽本紀》載，項羽要挾劉邦道：「今不急下（降），吾烹太公。」劉邦說：「吾與項羽俱北面受命懷王，曰『約為兄弟』，吾翁即若（你的）翁，必欲烹而（爾，你）翁，幸分我一杯羹。」是古代的烹刑，也與做和羹的方法近似。

可以做羹的肉種類很多，除牛羊豕三牲外，犬、雞、豺、熊、蛙、黿、鶉、蟹、魚等均可做羹。羹的特點為五味調和，因此又叫和羹。《詩經·商頌·烈祖》：「亦有和羹，既戒既平。鬷（總）假（大）無言，時靡有爭。」這首詩據說是殷人祭祀殷中宗大戊時的頌歌，這幾句是說，祭祀時不但有群臣，還有和羹。諸侯們來到廟堂，既肅敬（「戒」），又整齊地列位而立（「平」），大家聚集在一起（鬷），人數雖多（假），卻沒有紛爭。鄭玄解釋道：「和羹者，五味調，腥熱得節，食之，於人性安和。喻諸侯來助祭也，其在廟中既恭肅敬戒矣，既齊立乎列矣，至於設薦進俎（即上祭品），又總升堂而齊一，皆服其職、勸其事，寂然無言語者，無爭訟者。」以和羹比喻諸侯間的和諧，這也許是後代的附會，但是由此也可以知道，古人對羹的感性認識即在於「和」。

　　所謂五味，是醯（xī）、醢、鹽、梅、菜（詳見下文）。菜只用一種，如葵、韭、蔥等。以肉為主而做羹，這是「肉食者」亦即貴族們吃的，至於貧苦人，則只能吃藜羹、菜羹、藿羹，即用野菜煮成糊糊以充飢。同名為羹，其實這中間是有天壤之別的。

　　古書中還常提到脯。《公羊傳·昭公二十五年》：「高子（齊臣）執簞（食器。詳下）食與四脯脡，國子（齊臣）執壺漿，曰：『吾寡君（指齊景公）聞君（指魯昭公）在外，餕饗（飯食。詳下）未就（等於說有所缺乏），敢致糗於從者……〔昭公〕再拜稽首，以衽受。」脯是乾肉，所以與糗同類，贈送給流亡的魯昭公是很合適的；也正因為是「乾」的，所以可以「以衽受」。脯的做法是：「以十月作沸湯燖（燙去雜質）」，「以末椒薑坋（塗抹）之，暴使燥。」（見《漢書》顏師古注。顏所說的是製胃脯，作肉脯大約與此相仿。）孔穎達《周禮·膳夫》正義：「不加薑桂以鹽乾之者謂之脯。」說法小異，原理相同。依孔說，則古代的脯與現在的醃鹹肉、雲南的「牛乾巴」相同。

　　凡肉皆可做脯，如牛、羊、豕、鹿、魚等。鄭玄注《周禮·腊（乾肉）人》時說：「薄析曰脯。」即製作時要把肉切成條狀。如此對待人，也就是脯刑，如《史記·殷本紀》載，

九侯被醢，「鄂侯爭之彊，辨（辯）之疾，〔紂〕並脯鄂侯。」《左傳・成公二年》：「春，齊侯伐我北鄙（邊邑），圍龍（邑名），〔齊〕頃公之嬖人盧蒲就魁門焉（攻打城門），龍人囚之。齊侯曰：『勿殺。吾與而（爾）盟，無入而封。』弗聽，殺而脯諸城上。」杜預注：「脯，磔也。」磔即分屍。其實脯即脯，龍人是把盧蒲就魁切成一條一條，然後放在城頭暴曬，就像製脯，並非一般地分屍。

脯的特點是「乾」，因此棗、果等醃製成乾果也叫脯。

脯既是一條條細長形的，所以又叫脩（同修。長）。《禮記・內則》：「牛脩、鹿脯、田豕脯、麋脯、麕脯。」脩與脯並言，脩就是脯。一根脩稱為一脡，十脡束紮在一起，稱為一束，因此古書上常說「束脩」。《穀梁傳・隱公元年》：「束脩之肉，不行竟（境）中。」這是說大夫在國內不應有私人間的交往和即使是微薄禮品的饋贈。《論語・述而》：「自行束脩以上，吾未嘗無誨焉。」這是說只要給我束脩那麼一點見面禮，我就會對他進行教誨。後來就以束脩稱給教師的酬金。但對《述而》的這句話還有另外一種理解：束脩即束帶修飾，「自行束脩以上」指可以自己照料自己、可以學習較深學問的年齡。

現在簡單地說說調料。

古人十分重視食品味道的調和。《呂氏春秋·本味》:「調和之事,必以甘、酸、苦、辛、鹹,先後多少,其齊(搭配的比例)甚微,皆有自起……故久而不弊,熟而不爛,甘而不噥(過甜),酸而不酷,鹹而不減,辛而不烈,淡而不薄,肥而不膠(味道過厚而令人不適)。」《左傳·昭公二十年》:「……『和』如羹焉,水火、醯醢、鹽梅以烹魚肉,燀(炊)之以薪,宰夫和之,齊之以味,濟其不及,以泄其過。」《呂氏春秋》説的是調味的要求,《左傳》則指出了調料的作用,二者都體現了烹飪過程中的辯證法,是漢代以前烹調經驗的總結。

在先秦,調和眾味這件事還沒有專用的詞來表示,「和」、「齊」並不單指調味。到漢代就有了,稱為「勻(芍)藥」。這也反映了烹飪技術的進一步提高。《史記·司馬相如列傳》:「勻藥之和具而後御之。」枚乘《七發》:「熊蹯之腼,勻藥之醬。」《論衡·譴告》:「釀酒於甕,烹肉於鼎,皆欲其氣味調得也。時或鹹、苦、酸、淡不應口者,由人勻藥失其和也。」在這幾個例子中,《史記》、《七發》中的勻(芍藥)是名詞,指調味品或經過調和後的味道,《論衡》的勻藥則是動詞,指

勻藥 醯 醢 鹽 梅 飴
餳 薑 桂 醬 豉

調味的操作。

勺（芍）藥一詞來源於適歷（分佈均勻），發展到後來，就是作料、佐料、調料。勺藥一詞既然曾經成為調味的專稱，並且保存在著名的作品中，因此後代一些作家也就沿用下來了。如王維《奉和聖製重陽節詩》：「勺藥和金鼎，茱萸插玳筵。」韓愈《晚秋郾城夜會聯句》：「兩廂鋪氍毹（毛地毯），五鼎調勺藥。」但是我們要注意，這不過是詩人運用古老的詞彙，並不是當時把調味還叫勺（芍）藥。

調味品除了上面已提到過的醯、醢、鹽、梅等之外，薑、桂、醬、豉等也早就用於調味了。這些東西至今還在沿用着，這裡不需舉例。要特別指出的是，由於古代生產水平的低下，上述這些在今天看來是極普通的調料，在古代一般平民家庭也是不易得的。《論語·公冶長》：「子曰：『孰謂微生高（魯人）直，或（有人）乞醯焉，〔微生高〕乞諸其鄰而與之。』」可見並不是家家平時都有醋。《梁書·良政傳》：「〔劉〕懷慰持喪，不食醯醬。」又《孝行傳》：「〔沈崇傃〕治服（服孝）三年，久食麥屑，不噉鹽酢（同醋）。」父母死了，於是不食鹽、醋、醬以示其孝，這說明直到南北朝時這些東西還被視為奢侈品，用之則近乎過於講究。

古代調味用梅，是作為甘甜之味入菜餚的。為甚麼不用

糖呢？原來現在所使用的易溶的蔗糖大約至唐代始有。《老學庵筆記》卷六：「聞人茂德言：沙糖中國本無之。唐太宗時外國貢至，問其使人：『此何物？』云：『以甘蔗汁煎。』用其法煎成，與外國者等。自此中國方有沙糖。」聞人茂德的話是否可靠還需要研究，但這條史料說明，至遲到宋代，已經普遍食用甘蔗糖了。在蔗糖輸入之前，中原地區習用的「糖」即今之麥芽糖，不溶於水，無法烹調。唐以前把這種「糖」稱為飴，是用麥芽熬成的，膠狀。如果摻上米粉之類使之略硬，就叫餳。今之高粱飴依然是「米蘗（芽）煎也」（見《說文》「飴」字下）的製法，只不過用的是高粱米罷了。《詩經·大雅·綿》：「周原膴膴（肥美），菫荼（都是野菜）如飴。」

飴雖不適於烹調，但卻因為性黏而另有蔗糖所沒有的用途。《戰國策·楚策》：「〔蜻蛉〕不知夫五尺童子，方將調飴膠絲，加己乎四仞之上。」用飴黏取昆蟲卻也是一種妙用。

（四）酒

春酒	湑	酤	醴	醪	酎
釀	醇	醨	醨	濁酒	清酒

我國釀酒的歷史很久遠，可以說是與種植生產同步的。據說殷朝

人特別喜歡喝酒，紂王就曾「以酒為池，懸肉為林」，「為長夜之飲」（見《史記・殷本紀》）。據説殷即因此而滅亡。《尚書》中的《酒誥》，就是周成王告誡殷的遺民要以紂為鑑，不要沉湎於酒的。現代出土的殷代酒器極多，説明當時飲酒的風氣的確很盛。其實喝酒並不是殷人獨有的嗜好。例如在《詩經》裡就有很多地方提到酒：

> 為此春酒，以介眉壽。（《豳風・七月》）

春酒為冬天釀製至夏始成的酒。

> 有酒湑我，無酒酤我。（《小雅・伐木》）

這是説王有酒，就給我喝清酒，王若無酒就給我喝一宿釀成的酒。（湑：經過過濾的酒。酤：一宿而成的酒。）

> 我有旨酒，以燕樂嘉賓之心。（《小雅・鹿鳴》）
> 賓既醉止，載號載呶。亂我籩豆，屢舞僛僛。
> 是曰既醉，不知其郵。側弁之俄，屢舞傞傞。（《小雅・賓之初筵》）

　　這是描寫周幽王與大臣們飲宴喝醉後的醜態。（呶：同鬧。傞傞：歪邪的樣子。郵：過失。俄：傾斜的樣子。傞傞：不能自止的樣子。）

　　如果我們再結合其他文獻考查，就可以清楚地看出，酒同樣是周朝貴族生活中不可缺少的東西。例如《左傳·昭公十二年》寫晉、齊兩國國君行投壺之禮，晉之大夫荀吳説：「有酒如淮，有肉如坻。」齊侯説：「有酒如澠，有肉如陵。」這説明他們何嘗不希望有酒池肉林。歷史上曾經專門譴責殷人沉湎於酒，其實是不公平的。

　　古代的文士中有很多貪杯豪飲的人，「不勝杯杓」者寥寥，女作家也不例外。他們不但喝酒，而且寫酒、歌頌酒，好像酒以及有關酒的題材真的能夠澆其胸中塊壘、啟其神妙的文思。酒幾乎成了古代文學創作的「永恆的主題」。

　　古代作品中所描述的喝酒情況，有的很嚇人。例如樊噲在鴻門宴上立飲斗卮酒，而且表示還能再喝；唐代的王績號稱斗酒博士：他能每天喝一斗酒；宋代的曹翰酒量更大，喝了好幾斗酒後仍然十分清醒，「奏事上前（皇帝面前），數十條，皆默識（記住）不少差」。與這些人相比，李白斗酒詩百篇、武松過景陽岡之前一飲十八碗也就算不得甚麼了。其實古人之所以能喝這麼多酒，奧秘在於古代的酒並不是烈性的。

　　古代的酒一般都是黍、秫煮爛後加上酒母釀成的，成酒的過程很短，而且沒有經過蒸餾，其所含酒精量遠遠不能跟「老窖」、「陳釀」、「二鍋頭」比。陶潛《和郭主簿》之一：「春秫作美酒，酒熟吾自斟。」杜甫《羌村三首》：「賴知禾黍熟，已覺糟床注」；「莫辭酒味薄，黍地無人耕」。這些詩句不但告訴了我們造酒的原料，而且還說明酒是詩人或農民自釀自飲的。

　　烈性酒在我國出現得較晚，至早不過南宋。淡酒也有濃烈程度的不同。釀造一宿即成的叫酏，也叫醴，其味甜。現在的糯米甜酒、醪 (láo) 糟即與醴相似，不同的是原料，今之醪糟係用黏稻 (糯米)，古代則不一定。《禮記·喪大記》：「始食肉者先食乾肉，始飲酒者先飲醴酒。」這是說父母死後二十五個月行過「大祥」祭，可以結束疏食飲水的服孝生活，但需有個過渡：第一步不可食鮮，也不可大開酒戒過癮，應由酒味不濃的醴開始。《漢書·楚元王傳》：「初，元王敬禮申公等，穆公不耆 (嗜) 酒，元王每設酒，常為穆生設醴。」這也是因為醴「沒勁兒」，適合不好飲酒的人喝。「醇」字在古代是指較為醇厚的酒。《史記·袁盎列傳》：「袁盎使吳見守 (被軟禁)，從史適 (恰好) 為守盎校尉司馬，乃悉以其裝賫 (資) 置二石醇醪，會天寒，士卒飢渴，飲醉，西南陬 (角

落) 卒皆臥，司馬夜引袁盎起，曰：『君可以去矣，吳王期 (預
定好) 旦日斬君。』」這恐怕是用灌酒法越獄的最早記錄，而
其所用的是醪，可見醪的酒力不小。

　　歷時較長、經多次釀製加工的酒叫酎 (zhòu)。《禮記·
月令》：「孟夏之月……天子飲酎，用禮樂。」鄭玄注：「春酒
至此始成，與群臣以禮樂飲之於朝，正尊卑也。」這就是説
酎與春酒同實而二名。漢代的「飲酎」則是一種祭祀：春酒
釀成時皇帝用以獻於宗廟。《漢書·景帝紀》：「高廟 (漢高
祖劉邦的廟) 酎，奏《武德》、《文始》、《五行》之舞。」顏注
引張晏曰：「正月旦作，八月成，名曰酎……至武帝時因八月
嘗酎，會諸侯廟中，出金助祭，所謂『酎金』也。」所謂正月
旦作、八月成，是就漢代曆法而言。漢以夏曆十月為歲首，
則其八月為夏曆五月，十月為孟冬 (冬季第一個月)，五月為
仲夏 (夏季第二個月)，符合上文所説的春酒釀造的時間，只
不過漢代的「飲酎」之祭遲於《月令》所説的天子「飲酎」一
個月而已。酎金的規定自漢武帝 (一説文帝) 時實行以後，
幾乎又成了中央政權削弱諸侯勢力、剝奪諸侯封地的藉口。
《史記·平準書》：「至酎，少府省 (檢驗) 金，而列侯坐酎金
失侯者百餘人。」《集解》引如淳曰：「《漢儀注》：『王子為侯，
侯歲以戶口酎黃金於漢廟，皇帝臨受獻金以助祭。大祀日飲

酎，飲酎受金。金少不如斤兩，色惡（成色不好），王削縣，侯免國。」《漢書・東方朔傳》記載了這樣一件事：「初，建元三年，〔漢武帝〕微行（改裝外出）始出……微行常用飲酎已。八九月中，與侍中、常侍、武騎及待詔，隴西北地良家子能騎射者，期諸殿門——故有期門之號自此始——微行以夜，漏下十刻乃出。」其中「微行常用飲酎已」，意思是武帝偷偷出宮遊獵常常是在「飲酎」之祭行過之後，所以下句說「八九月中」。漢之八九月正是盛夏，莊稼遍地，所以當武帝及其從人「馳騖禾稼稻秔之地」後，「民皆呼號罵詈」。

比醪、酎更烈的酒叫醲（nóng）、醇。《說文》：「醲，厚酒也。」「醇，不澆酒也。」厚即酒味厚、酒性烈；不澆即不摻水，也就是酒精度數高。《說文》還有「醹，厚酒也」、「醅，重釀酒也」，這也是較烈的酒，而醅與酎同類。但在古代文獻中醹、醅很少見，醲、醇多用為形容詞，表示酒的品質。《詩經・大雅・行葦》：「曾孫維主，酒醴維醹。酌以大斗，以祈黃耇。」（曾孫：指周成王。大斗：柄長容積大的舀酒斗杓。黃：指黃髮，高壽之徵。耇：老。黃耇即老人。）枚乘《七發》：「飲食則溫淳甘膬，腥醲肥厚。」（腥：也是肥的意思。厚：也指酒濃。）《史記・曹相國世家》：「卿大夫已下吏及賓客見〔曹〕參不事，來者皆欲有言。至者，參輒飲以醇酒。」

《後漢書·仲長統傳》：「三牲之肉，臭而不可食；清醇之酎，
敗而不可飲。」

　　酒釀成時汁與渣滓混在一起，是混濁的，若經過過濾，
除去渣滓（糟），就清澈了，所以古人常說濁酒、清酒。嵇
康《與山巨源絕交書》：「今但願守陋巷、教養子孫，時與親
舊敍離闊、陳說平生，濁酒一杯，彈琴一曲，志願畢矣。」
杜甫《登高》：「艱難苦恨繁霜鬢，潦倒新停濁酒杯。」顯
然，濁酒是較低級的酒。「清酒」一詞有兩種含義，一是
濾去渣滓的酒。《後漢書·南蠻傳》：「〔秦昭襄王刻石〕盟
曰：『秦犯夷，輸黃龍一雙；夷犯秦，輸清酒一鍾。』夷人
安之。」《三國志·管輅傳》注引《管輅列傳》：「瑯玡太守單
子春雅有材度，聞輅一黌（學校）之俊，欲得見。輅父即遣
輅造（往）之……輅問子春：『……輅既年少，膽未堅剛，若
欲相觀，懼失精神，請先飲三升清酒，然後而言之。』子春
喜之，便酌三升清酒，獨使飲之。」另一種意思是專指祭祀
所用的酒，其實也就是醪、酎、春酒。《周禮·酒正》：「辨
三酒之物，一曰事酒，二曰昔酒，三曰清酒。」鄭玄注：「鄭
司農云：『事酒，有事而飲也；昔酒，無事而飲也；清酒，
祭祀之酒。』玄謂事酒酌有事者之酒，其酒則今之醳酒也；
昔酒，今之酋久白酒，所謂舊醳者也；清酒，今中山冬釀接

夏而成。」(醳：新釀的較醇的酒。昔：在這裡也是久的意思。) 祭祀用的酒又叫清酌。《禮記·曲禮下》:「凡祭宗廟之禮……酒曰清酌。」韓愈《祭柳子厚文》:「維年月日，韓愈謹以清酌庶羞之奠，祭於亡友柳子厚之靈。」

古代的酒也有糯米做的，當糟滓未經濾出時，即泛出白色，因而濁酒又稱白酒。李白《南陵別兒童入京》:「白酒新熟山中歸，黃雞啄黍秋正肥。」《隴西行》:「清白各異樽，酒上正華疏。」現在上海人喝的白酒就還是古之濁酒，而在北方，白酒早已指烈性的燒酒了。

酒的過濾叫漉。《南史·陶潛傳》:「郡將候潛，逢其酒熟，〔潛〕取頭上葛巾漉酒，畢，還著頭上。」陸游《野飯》:「時能喚鄰里，小甕酒新漉。」濁酒也可以由其自行沉澱而稍清。杜甫《羌村三首》:「手中各有攜，傾榼濁復清。」

在古書中我們還可以見到酒變酸的記載，這在喝慣了燒酒的人似乎是不可理解的。其實道理很簡單：酒中雜質多，糖分多，放久了自然會變酸。《晏子春秋·內篇上》說:「人有酤 (同沽，賣)，為器甚潔清，置表 (標誌，即酒幌子) 甚長」，但是因為家裡養的狗太兇，沒有人敢來光顧，因而「酒酸不售」。又《內篇諫下》:「酒醴酸，不勝飲也 (酒多得喝不完)。」

　　最遲到唐代，酒的品種就很多了。王翰《涼州曲》中「葡萄美酒夜光杯」的名句已經是人們所熟知的了，而有些酒則只是在詩文中保留其名，而其釀製方法早已失傳，甚至這些酒的味道、顏色等等特色也已無法考證。例如《漢書》上提到了「百末酒」、「挏馬酒」（見《禮樂志》），南北朝有石榴酒、梅花酒（見梁簡文帝等人詩、《四民月令》），以後又有琥珀酒、金銀酒、紫駝酒等。陸游《老學庵筆記》卷五中提到：「唐人喜赤酒、甜酒、灰酒，皆不可解。李長吉云：『琉璃鐘，琥珀濃，小槽酒滴珍珠紅。』白樂天云：『荔枝新熟雞冠色，燒酒初開琥珀香。』杜子美云：『不放香醪如蜜甜。』陸魯望云：『酒滴灰香似去年。』」宋人已覺「不可解」，則現在就更無法追尋了。

（五）食器和飲食習慣

　　古代烹調與飲食所使用的器具，跟烹調的技術、飲食的習慣密不可分。而這一切又都取決於生產力、生產工具的發展狀況。就現有文獻和出土文物看，最早的飲食器具為石製、陶製，後來人們掌握了採礦、冶煉技術，就開始使用銅器。鐵的熔點高，而且較脆，需要更高的技術，因而鐵製

器具的出現最晚。食器，特別是炊具，還有一個從大到小，從粗到精，從厚到薄的過程，這不僅跟冶煉技術、烹調技術有密切關係，同時也與炊灶火力的運用有關，二者是互相促進的。

上文我們說到過的烤、熏等食法，是食物與火直接接觸，可以不用甚麼炊具。那些不宜於直接拿來在火上燒的食物，例如穀物、蔬菜、動物內臟等，要想熟食就要另想辦法。

我們祖先最初使用的是石炊法，即利用石頭來傳熱。據人類學和民俗學的研究，參考後代的習俗和傳說，具體的方法是這樣的：先把石塊或石板燒熱，然後把穀物放在上面燙熟；如果是要「煮」的食物，就把水與食物放在石坑或其他容器裡，用火把石頭燒熱，不斷地探入水中，直至水沸物熟。但是，這些都還沒有地下挖掘的實物作證明。

現在有文獻和實物的證明，可以使我們確知的，是陶、銅、鐵的器皿。下面依次介紹一些常見的炊具、食具和酒具。

鼎 鬲 鑊 甑 甗 釜 鬴

上古的炊具有鼎、鬲（lì）、鑊（huò）、甑（zèng）、甗（yǎn）等。

鼎是煮肉和盛肉的。當時的肉食並不像後代那樣一律

切成小塊，而是除了「羹」之外，一般都要把牲體解為幾大塊（隨着使用場合的不同而分解為二體、七體、二十一體），也有不進行體解而煮全牲的時候。因此，鼎都比較大。鼎以圓腹三足的為多，也有方腹四足的。因此後代常説「鼎足而立」，或説「鼎足」、「鼎立」，意即力量三分或三家對峙。鼎口處有直立的兩耳，可以穿進槓子以便抬舉。在鼎下燒火。因為鼎大，壁厚，燒火無灶難以集中火力，所以可以想見當時用鼎煮食多麼費力、費燃料。

鬲是煮粥的。其形與鼎相近，三足是空的，與腹相通，因為鬲都較小，承重不大，空足可以支撐而不至破損，更重要的，是為了最大限度地受火，加快米熟的速度，由此也可見我們的祖先很早就懂得「節省能源」了。

鑊是專門煮肉的。鄭玄説：「鑊所以煮肉及魚臘之器，既熟，乃胥（升，進）於鼎。」鑊也是大腹，圓形，但沒有足。因為鼎受火過於猛烈足部容易損壞，所以鑊作為煮肉器更為常用。古代的酷刑烹（見上文），就是把人扔進鑊裡。《史記·范睢蔡澤列傳》寫須賈向范睢請罪，説：「賈有湯鑊之罪，請自屏於胡貉之地，惟君死生之」；《史記·廉頗藺相如列傳》中藺相如對秦王説：「臣知欺大王之罪當誅也，臣請就鼎鑊。」他們所説的便都是烹刑。

甑是蒸飯的工具，類似今天的籠屜，直口，或口邊向外翻捲，立耳，平底，底部有孔以通氣，很像現在的箅子。米放在甑中，甑放在鬲上，鬲中放水。《論衡·知實》：「顏淵炊飯，塵落甑中，欲置之則不清，投地則棄飯，掇而食之。」塵落甑中也就是落到飯上。上下兩器合成一套就叫甗。也有把上下做成一個整體的，也叫甗。甑更常跟釜配套使用，所以古書上常以釜甑連言。《孟子·滕文公上》：「許子（許行）以釜甑爨，以鐵耕乎？」釜的口稍斂，有的有耳，有的沒有。《世說新語·夙惠》：「賓客詣陳太丘宿，太丘使元方、季方炊。客與太丘議論，二人進火，俱委（放下手裡的活）而竊聽，炊忘箸箄（算），飯落釜中。太丘問炊何不餾（指熟），元方、季方長跪曰：『大人與客語，乃俱竊聽，炊忘箸箄，今成糜（等於說粥、爛糊糊）。』太丘曰：『爾頗有所識（理解）不？』對曰：『彷彿志（記得）之。』二子俱說，更相易奪（搶着復述），言無遺失。太丘曰：『如此，但糜自可，何必飯也？』」這個故事告訴我們，甑釜連用自上古至今從未間斷，而到南北朝時期甑已稱為箄（算）了。

釜的用途與鬲相近，但所煮的不限於粥。《漢書·楚元王傳》：「〔劉邦〕時時與賓客過其丘嫂（大嫂）食。嫂厭叔（小叔子，指劉邦）與客來，陽（同佯，假裝）羹盡轑釜（杓子在

空釜中撞擊）。」曹植《七步詩》：「萁（豆秸）在釜下燃，豆在釜中泣。」釜也是量器名。《論語·雍也》：「子華（孔子弟子公西華的字）使於齊，冉有（也是孔子的弟子）為其母（子華之母）請粟。子曰：『與之釜。』」一釜為六斗四升。在這個意義上，釜又寫成鬴。

| 簋 簠 豆 籩 |

古代食器的種類很多，跟今天的器皿差別較大的有簋、簠、盂、敦、豆、籩等。

簋（guǐ）的形狀很像大碗，圓口，大腹，下有圓座。但也有有耳或方座的。最初用以盛糧食。《詩經·小雅·伐木》：「於粲（鮮明的樣子）灑掃，陳饋八簋。」鄭箋：「粲然已灑攃（掃除）矣，陳其黍稷矣。」後來也用於進餐。古人吃飯時先從甗中把飯盛到簋裡再食用。《韓詩外傳》卷三：「昔者舜甑盆無膗（指不吃肉），而下不以餘（生活富裕）獲罪；飯乎土簋，啜乎土型（同鉶，盛羹的器皿），而工不以巧獲罪。」飯與簋關係之密切於此可見。

簠（fǔ）與簋同類。《周禮·舍人》：「凡祭祀，共（供）簠、簋，實之（裝滿它）陳之（把它陳列好）。」鄭玄注：「方曰簠，圓曰簋，盛黍稷稻粱器。」可見簠起初也是盛糧的。但簠簋並非嚴格地以方、圓分，簠有圓的，簋也有方的。因

為簠簋常常在一起使用，所以二者時常連稱，後代並用以代表祭祀。韓愈《元和聖德詩》：「掉棄兵革，私習簠簋。」《漢書·賈誼傳》：「古者大臣有坐不廉而廢者，不謂不廉，曰『簠簋不飭（同飾）』。」「簠簋不飭」字面的意思是對於宗廟祭祀的事不敬。

簠的形狀很像現在的高腳盤，但很多是有蓋子的。與簠樣子相近的是豆，豆在盤下的立莖上有柄，簠則沒有。《韓非子·外儲說左上》：「〔晉〕文公反（返）國，至河，令籩豆捐（棄）之，席蓐捐之，手足胼胝（老繭）、面目黧黑者後之。」這是以豆為食器。《詩經·大雅·生民》：「卬（我。后稷自指）盛於豆，於豆於登（瓦豆），其香始升，上帝居歆（享）。」這是以豆為祭器。毛傳：「豆薦菹（肉醬）醢也，登〔薦〕大羹（烹調簡單的羹）也。」《晏子春秋·內雜下》：「夫十總（八十根線，指經線）之布，一豆之食，足矣（據《說苑》改）。」這是以豆為量器。古代四升為豆。

簞是竹製或葦製的盛器，常用以盛飯。《論語·雍也》：「一簞食，一瓢飲，在陋巷，人不堪其憂，回也不改其樂。」《孟子·梁惠王下》：「今燕虐其民，王（指齊宣王）往而征之，民以為將拯己於水火之中也，簞食壺漿以迎王師。」「簞食壺漿」本來是說用簞盛着食物，用壺裝着飲料，後來便用以指

群眾歡迎軍隊時犒獻之物。

古代也有盤、碗等食器，因為與現在所用的差別不大，因此不再敘述。

上古的酒器有尊、壺、卣、彝、罍、缶（以上為盛酒器），爵、觶、觚、斝、觥等（以上為飲酒器）。

| 尊 壺 卣 彝 罍 缶 |
| 爵 觶 觚 斝 觥 |

尊作為專名，是敞口、高頸、圈足的大型盛酒器。上面常常飾有動物形象，於是有犧尊、象尊、龍虎尊等名稱。《詩經·魯頌·閟宮》：「白牡騂剛（赤色牛），犧尊將將（高大的樣子）。」《周禮·司尊彝》：「其舟獻（祭祀時第二次獻酒），用兩象尊。」鄭玄注：「或曰，以象首飾鐘鼎。」尊又是盛酒器的總名，凡酒器都可以稱尊。陸游《雜感》：「一尊易致葡萄酒，萬里難逢鸛鵲樓。」尊又寫作樽、罇。

壺的特點是長頸、大腹、圈足（圓座），有的有提樑，有蓋。《詩經·大雅·韓奕》：「顯父餞之，清酒百壺。」壺也用來盛食物。《左傳·僖公二十五年》：「昔趙衰（晉文公的臣）以壺飧（熟食，詳下）徑從，餒而弗食。」

卣（yǒu）是橢圓形的大扁壺，有蓋和提樑。《左傳·僖公二十八年》載城濮之戰晉打敗楚後，「〔周王〕策命晉侯為

侯伯，賜之……秬鬯（黑黍酒）一卣。」

彝（yí）為方形或長方形，有蓋，有的有耳。《説文》：「彝，宗廟常器也。」其實彝與尊同類，鄭玄《周禮·司尊彝》注：「彝亦尊也。」但因為它是「常器」，所以彝即代表宗廟祭祀時所用的各種禮器。《左傳·定公四年》：「祝、宗、卜、史，備物、典策，官司彝器。」孔穎達正義：「官司彝器，謂百官常用之器，蓋罇罍俎豆之屬。」

罍（léi）是大型盛酒器，有圓有方，短頸，大腹，有的口大，有的口小。《詩經·周南·卷耳》：「我姑酌彼金罍，維以不永懷。」

缶據説是秦地的酒器。大概秦地採礦與冶煉較內地落後，酒器多用陶製。《史記·廉頗藺相如列傳》：「藺相如前曰：『趙王竊聞秦王善為秦聲，請奉（進獻）盆缻（同缶）秦王，以相娛樂。』秦王「令趙王鼓瑟」，是對趙的侮辱；藺相如反擊，不但要秦王擊樂，而且偏要他用缶來演奏，以示秦之落後，這是極大的蔑視，所以秦王拒絕。正因為缶作為樂器為秦地所特有，所以楊惲在《報孫會宗書》中説：「家本秦也，能為秦聲……仰天撫缶而呼嗚嗚。」

爵是古代飲酒器的通名。作為專名，其形為深腹，前邊有流酒的槽（「流」），槽與口相接處有柱，底部有三足，可以

放到火上溫酒。《詩經‧小雅‧賓之初筵》:「酌彼康爵,以奏爾時。」康爵即空爵,這兩句是說往喝乾了的爵中注酒,向你此時心中所尊敬的人進獻。《左傳‧宣公二年》:「臣侍君宴,過三爵,非禮也。」至於爵位之爵,也是從酒爵義引申出來的。《禮記‧中庸》:「宗廟之禮,序昭穆(被祭者所排的位次)也,序爵,所以辨貴賤也。」

觚(gū)是最常用的飲酒器,多與爵配套使用。觚的口像喇叭,長頸,細腰,圈足。《論語‧雍也》:「觚不觚,觚哉,觚哉。」何晏《集解》:「以喻為政不得其道則不成。」據說觚也是禮器,所以孔子借觚不成其觚來打比方。

斝(jiǎ)的形狀像爵,但圓口,也有圓底的。《左傳‧昭公七年》:「〔燕〕賂〔齊〕以瑤甕、玉櫝、斝耳。」孔穎達正義:「斝,爵名,以玉為之,旁有耳,若今之杯,故名『耳』。」

觥也用以盛酒。其形像一隻橫放着的獸角或瓢,有蓋,由銳端往外注酒,多作獸形。《詩經‧豳風‧七月》:「稱(舉)彼兕觥,萬壽無疆。」後代詩文中提到觥則已經是飲酒器的代稱。歐陽修《醉翁亭記》:「觥籌(行酒令時用的籌碼)交錯,坐起而喧嘩者,眾賓歡也。」觥又寫作觵,《周禮‧閭胥》:「凡事掌其比(比較飲酒者的表現),觥撻罰之事。」

賈公彥疏：「凡有失禮者，以觴酒罰之，重者以楚（荊條）撻之。」

　　酒器中還有觴也是常見於詩文的，其形狀不詳。張衡《東京賦》：「執鑾刀以祖割，奉觴豆於國叟。」顏延之《陶徵士誄》：「念昔私宴，舉觴相誨。」

　　朝食　饗　餔食　飧
　　匕　俎　刀　案

附帶説一説古人飲食的習慣。

　　古人一日兩餐，第一頓飯叫朝食，又叫饗。古人按太陽在頂空中的位置標誌時間，太陽行至東南角叫隅中，朝食就在隅中之前，那個時刻叫食時。依此推測，大約相當於上午九點左右。《左傳·成公二年》寫齊晉鞌之戰，齊侯説：「余姑翦滅此而朝食！」意思是晉軍不禁一打，天亮後交戰，待消滅了晉軍也誤不了「朝食」，其傲視對方、輕敵浮躁的神態躍然紙上。《史記·項羽本紀》寫項羽聽説劉邦要獨霸關中，於是大怒，説：「旦日享士卒，為擊破沛公軍！」旦日是一大早，太陽剛剛露出地平線，這時本不該吃飯。項羽的意思是半夜做飯，天一蒙蒙亮就「享士卒」，早早進軍，早點把劉邦消滅。一句「旦日享士卒」集中表現了他急不可耐的心情。

　　第二頓飯叫餔食，又叫飧（sūn），一般是申時（下午四點左右）吃。所以《說文》說：「餔，申時食也。」（從段玉裁改）《淮南子·天文訓》：「日至於悲谷（傳說中的西南方的大深谷），是謂餔時。」《後漢書·王符傳》：「百姓廢農桑而趨府廷者，相繼道路，非朝餔不得通，非意氣不得見。」朝指朝食時，餔指餔食時。在這個意義上後來寫作晡。宋玉《神女賦》：「晡夕之後，精神恍惚。」餔由表示晚餐引申為表示一般的吃，《楚辭·漁父》：「眾人皆醉，何不餔其糟而歠其釃（lí，離。薄酒）？」

　　飧，《說文·新附》作飱，「食之餘也」。前人把二字割裂開看，未得其解，其實若從古人飲食習慣上考察，問題就清楚了。古代稼穡艱難產量不高，取火不易做飯費時，因此晚餐一般只是把朝食剩下的（或是有意多做的）熱一熱吃。《說文》：「饔，孰（熟）食也。」意思是現做現吃的飯，這就意味着與之相對的飧是食之餘，否則單說饔是熟食，難道飧則生食不成？《公羊傳·宣公六年》寫晉靈公派勇士刺殺趙盾，「入其大門，則無人門（守門）焉者；入其閨（小門，即二門），則無人閨焉者；上其堂，則無人焉；俯而闚（窺）其戶，方食魚飧。勇士曰：『嘻！子誠仁人也……子為晉國重卿，而食魚之飧，是子之儉也。』」根據《左傳》所載，知勇

士是一大早去的，晨食魚飧，即頭天晚上吃剩的魚。這確乎不是一國之正卿所當食，所以勇士歎服其儉。《左傳·僖公二十五年》：「昔趙衰以壺飧徑從，餒而弗食。」既言飧，那麼趙衰帶的是剩飯，這正是一個逃亡者行路時的飲食。現在晉、冀、豫幾省交界的山區還保留着這種每日兩餐、晚餐吃剩飯而不另做的習慣，且多為稀飯。晉東南稱之為酸飯，其實剩飯並不酸，酸即餿的音變。

饔飧既然是一天中的兩頓正餐，因而也就可以泛指飯食。《孟子·滕文公上》：「賢者與民並耕而食，饔飧而治。」饔飧在這裡即指自己燒飯吃。

因為一日兩餐，又是「日出而作，日入而息」，因此古人沒有睡午覺的習慣。《論語·公冶長》：「宰予（孔子弟子）晝寢，子曰：『朽木不可雕也，糞土之牆不可杇（塗飾）也，於予與何誅（責備）？』」為甚麼學生白天睡個覺孔子就生這麼大的氣？因為「晝寢」必在兩餐之間，吃了睡，醒了又吃，不久日落又該就寢，這一天將甚麼也幹不成了。

古人席地而坐（詳見第三編）。肉在鑊中煮熟後用「匕」把肉取出放到俎（砧板）上，然後將俎移至席上，食者用刀割取。匕，《說文》上說：「亦所以取飯也。」也就是說匕即後代的飯杓。根據文獻可知古代匕有兩種，舀飯的匕較小，

把肉（即上文所説的牲之一體）盛出的匕較大。《儀禮·少牢饋食禮》：「廩人概（同溉，洗）甑、甗、匕與敦於廩爨。」鄭玄注：「匕，所以匕黍稷者也。」這是飯匕。《詩經·小雅·大東》：「有饛（滿的樣子）簋飧，有捄（長長的樣子）棘匕。」毛傳：「匕，所以載（等於説撈、盛）鼎實（鼎中的牲體）也。」這是盛肉之匕。因為匕、俎、刀為食肉時所必需，所以刀匕、刀俎時常連言。《禮記·檀弓下》：「蕢（杜蕢，晉平公的宰夫）也，宰夫也，非刀匕是共（供）。」《史記·項羽本紀》：「如今人方為刀俎，我為魚肉。」這是以刀俎喻宰割者。又：「項王曰『賜之彘肩。』則與一生彘肩。樊噲復其盾於地，加彘肩〔於盾〕上，拔劍切而啗之。」樊噲是後來闖進去的，身份又低，自然沒有他的席位、刀俎，於是只好復盾代俎、拔劍代刀，吃得不但有氣魄，而且是與古人進食的規矩、習慣一致的。飯在甑中蒸熟後也是用匕取出，放入簠簋，移到席上。

　　酒則貯存在罍等大型盛酒器中，要喝時注入壺、尊，放在席旁，然後用勺斗斟入爵、觚、觶等酒器中飲用，飲罷，飲酒器再放回到席上。《詩經·小雅·蓼莪》：「缾（同瓶，指尊壺等）之罄矣，維罍之恥。」尊壺中無酒則是罍的恥辱，因為尊壺中的酒是由罍供應的。又《大東》：「維北有斗，不可以挹酒漿。」天上鄰近的一些星因其排列像「斗」而得名（這

裡的斗指古二十八宿的斗宿，又稱南斗，以區別於北斗），詩人又由南斗聯想到挹酒的勺斗。上述這兩首詩正反映了古人飲酒的過程。

上古吃主食時主要用手捏。《禮記・曲禮上》：「共飯不澤手。」孔穎達正義：「古之禮，飯不用箸（莇，筷子），但用手，既與人共飯，手宜絜（潔）淨，不得臨時始捼莏（兩手相搓）手乃食，恐為人穢也。」其實吃肉時，用刀割開後也是用手抓着往嘴裡送的。正因為手與直接進口的食物接觸，所以古人飯前要洗手。《管子・弟子職》：「先生將食，弟子饌饋，攝衽盥（洗手）漱，跪坐而饋。」《左傳・昭公二十年》：「華亥（宋大夫）與其妻，必盥而食所質（抵押）公子者而後食。」現在一些少數民族仍然保留着這種吃法。

最初食器直接放在席上，後來有了托盤，即放在托盤上再上席。托盤為長方形或圓形，四足或三足，古代叫案。《漢書・外戚傳》：「許后朝皇太后，親奉（捧）案上食。」《後漢書・梁鴻傳》：「每歸，妻為具食，不敢於鴻前仰視，舉案齊眉。」這兩位婦女能夠捧舉，是因為食案既小且矮。古書上還有所謂書案、奏案，其實即食案的演變。《後漢書・劉玄傳》：「韓夫人尤嗜酒，每侍飲，見常侍奏事，輒怒曰：『帝方對我飲，正用此時持事來乎？』起抵（擊）破書案。」《資治

通鑑》：「〔孫權〕因拔刀斫前奏案，曰：『諸將吏敢復有言當
迎〔曹〕操者，與此案同。』」

　　以上所述古人飲食的狀況，是古代詩文中常見的，實際
上多數都是貴族富人的所食所用，貧苦人是很難享受到的。
貧困者的生活在古代詩文中雖然也有所表現，但大多不夠詳
細具體，因此，富貴者的飲食狀況與我們閱讀古書、了解古
代生產生活和風俗習慣的關係更為密切。

　　古代貧苦勞動者的飲食跟社會上層人物有着天壤之
別。一方面「食前方丈」（見《孟子·盡心下》，趙岐注：「極
五味之饌食，列於前，方一丈」），另一方面「飢者甘糟糠」
（《史記·秦始皇本紀》）。因此在古代文學的優秀篇什中，常
用對比的方法揭示這種差別。例如《韓詩外傳》卷七：「三斗
之稷不足於士，而君雁鶩有餘粟」；《淮南子·主術訓》：「貧
民糟糠不接於口，而虎狼熊羆（指苑囿中所養的野獸）厭芻
豢。」「朱門酒肉臭，路有凍死骨」的現象，是自進入階級社
會以來就有的，在整個封建社會中從來沒有間斷過。

第三編　宮室和起居

對於古代的房屋建築，在儒家的經典上有不少記述，歷代學者所做的考證也不少；古代的禮制中對人在建築物內的活動也有不少細緻甚至繁瑣的規定。但是，如果從大量的詩文作品中考察，並核之以古代建築遺址地下挖掘的情況，則經典上所寫的有好多並非事實，而對於人們起居的規定也並非都是當時的情況，有不少是著書立說人的理想或後代人的附會。例如《周禮·考工記·匠人》：「左祖右社，面朝後市。」這應是帝王宮廷的大體佈局。祖即祖廟，社為祭社神、稷神之所，二者分別建在宮廷的左、右。朝為群臣朝會處，市為城中市場，一前一後。但是實際上直至唐代這個建築格式也並未用於實踐；反而是元、明、清才按左祖右社安排，這顯然是在附會「古制」。而其間也有所發展。例如若依《考工記》，祖、社應在宮廷的正左正右，而明代則分別建於左前方

右前方（即今北京的勞動人民文化宮和中山公園），這是為了使祖、社與宮廷本身連成一個大的群體建築。倒是元大都對祖、社的安排與《考工記》一致。

　　由此可見，我們要了解古代的建築和人們生活起居的情況，還應該從古代的作品中「就事論事」，因為古代文人寫作時雖然也會有所誇張，不無浪漫、理想的色彩，但任何人構思落筆都不能脫離現實的啟示和局囿，所以他們寫下的更為可信。當然，儒家經典中的記載也並非毫無事實作根據，因而也值得參考。

（一）宮室

1. 穴居與版築

穴　窨　窓　窮　窨　窟
夯　栽　牏　雕　圬

　　我們的祖先，最早是穴居：從原始人利用天然崖洞以避雨雪風寒，發展到在平地上建造淺穴式的房屋，在相當長的歷史時期中，一直沒有脫離一個「穴」字。《周易‧繫辭下》：「上古穴居而野處，後世聖人易之以宮室，上棟下宇，以待風雨。」我們的古人是早就考察了人類居住條件的演變過程的。這從一些漢字的形

體和意義上也可以看得出來。例如《説文》上説：

　　穴，土室也。

　　窨，地室也。

　　窻（窗），通孔也。

　　窮，極也。

　　窘，迫也。

説穴為土室，窨（yìn）為地室，當是古代生活和語言的遺留。現在北方還有「地窨子」（地下室）的説法，而穴已經變為孔、洞的泛稱，看不出古人穴居的痕跡了，需借《説文》以明字的古義和古人居住的情況。窗（窻）字從穴，説明建築上的這一設施是由穴居時代就有的：在穴壁上開孔即為窗。窮，穴下一個「躬」字，躬即身體。這是一個形聲兼會意字，即窮字既從躬得聲，又表示一個人進入穴室中。穴室只有一個出入口，人一直往裡走是沒有「出路」的，也就是走到了盡頭、頂點。古代窮與達相對，達即通達，暢行無阻，然則窮的本義即無路可走。窘迫的窘也從穴，也是因為以人在穴中表示受困的意思。

　　地下的挖掘也證明了遠古穴居的事實。山頂洞人距離文明社會還很久遠，我們不去管它。西安半坡村原始社會遺址

則可以給我們許多啟發。這個遺址中的房屋有兩種：方形的多為淺穴，深五十至八十厘米，穴的四周緊密地排列木柱，並從外面敷上草或草泥以形成牆壁。其他地方發現的淺穴式房屋，也是從地面下挖一米左右。有意思的是，在這些半地穴式的房屋中央（有的略靠近門口）都有一個灶坑，這個坑當然也是穴，因此灶字古寫作竈，也從穴。在半坡村也發現了建在地面上的房屋遺址，牆壁也是用排木敷以草、泥而成。隨後，大約在商代，已經大量使用版築的方法立牆，當然，半穴式的房屋仍然存在，但大概只是奴隸的住所：牆壁厚實而又全在地上的房子總比淺穴舒服。

　　所謂版築，現在叫乾打壘。其築法是：先在地上立兩行木柱，柱裡放板，兩行木板之間填以黃土，用夯一層層夯實，然後撤去板、柱。《孟子·告子下》：「傅說舉於版築之間。」傅說是殷高宗武丁的名相，據說當初他曾在傅岩為人築牆，後來被武丁發現起用。這件事，在《墨子·尚賢》等處也有記載，結合商代遺址的挖掘情況考察，說武丁時已有版築，是可信的。《説文》：「栽，築牆長版也。」「牏，築牆短版也。」所謂長版，即牆兩邊的版，因為牆長，宜用長版；短版，即牆兩頭的版，宜短。單是牆版名稱就已分得這樣細，可見版築一業是很發達的。

　　夯土、版築的出現是古代建築發展中的一件大事。這種
技術不但可以提供堅固、保溫防暑的房屋，而且可以就地取
材，施工方便迅速。版築後來也應用於築城牆、修堤壩，而
且經久不廢，從殷商一直沿用至今。在製磚技術未被廣泛應
用的時代，即使是最高統治者的住房也要用版築。《左傳·
宣公二年》：「晉靈公不君。厚斂以彫（雕）牆；從台上彈人
而觀其辟（避）丸也；宰夫胹熊蹯不孰，殺之，寘諸畚，使婦
人載以過朝。」晉靈公所雕的，即版築的土牆，在當時已是
極為奢侈的舉動，因此作為其「不君」的三個罪狀之一，與戲
弄坑害百姓（一說大臣）、草菅人命並列。舊題漢無名氏所撰
的《三輔黃圖·咸陽故城》說：「離宮別館，相望聯屬，木衣
綈繡，土被朱紫。」木即屋柱，土即牆壁。從現代的地下發
現看，磚的使用到漢代才較普遍，秦始皇宮室之牆以土夯成
再塗以顏色是可能的。

　　往牆上塗抹白灰使之光滑潔淨並防雨水沖刷的破壞，在
古代叫「圬」（又寫作杇）。《左傳·襄公三十一年》：「圬人以
時塓（塗抹）館宮室。」《論語·公冶長》：「朽木不可雕也，
糞土（黺土）之牆不可杇也。」黺土缺乏黏性，築牆不牢，牆
面既不平整又難附着塗料，所以說不可杇，且與朽木並列。

　　自從居室從淺穴演進為地面建築後，便又相應地產生了

一批反映這種新型居住條件的文字，例如室、家、宅、宗、安等。這些字都從「宀」，在古文字裡作∩，正是版築房屋的正面或側面的形象。

2. 城市佈局

里	雉	丈	闕	宮城	周廬	
輦路	郭	府	廟	市	閭里	閭
隧	徼道	里坊	教坊	作坊		

春秋時期以前的城市，是周天子和諸侯們居住和統治全國的中心，城市裡的手工業主要是為君王貴族服務，商業還沒有充分發展起來，因此城市的規模比較小。《周禮·考工記·匠人》：「匠人營（測量、建造）國（京城）方九里，旁三門。」方九里，指城的每邊九里，即九里的平方。據説當時以五步為三丈（雙足各跨一次為一步），一百八十丈為一里，計一里為三百步，則古里小於今。《左傳·隱公元年》：「都城（諸侯下屬的城市）過百雉，國之害也。先王之制，大都不過三國（諸侯國都）之一，中五之一，小九之一。」一雉為三丈長、一丈高，這裡説的百雉，只着眼於長度。百雉為三百丈，既然是三分國都之一，則國都每邊應為九百丈，五里。如果《考工記》和《左傳》的記載可靠，估算起來，周天子的京城約相

當於北京的皇城，諸侯（例如鄭國）的國都則略大於故宮。

到戰國時期，城市日趨繁榮，面積擴大，例如《史記‧蘇秦列傳》上說齊的國都臨淄（今山東臨淄）「七萬戶」，「車轂擊，人肩摩」。七萬戶的人口總有三十多萬了，其城的規模可以約略想見。又如燕下都（在今河北易縣東南），城址為兩個方形的不規則結合，東西約八千三百米，南北約四千米，與明清兩代北京的內城略同。

從已發現的戰國諸國的城市遺址看，城的四周都有夯土築成的城牆，有的還有通貫全城的中心街道和與之垂直的若干小街，說明當時的城市已經開始有較為統一整齊的規劃了。

漢代首都長安，由於先建宮殿後築城牆，也由於地勢南高北低臨近渭水，因此城牆的形狀不規則，歷史上有名的未央宮位於城的西南角，長樂宮位於東南角。長樂宮先成，為漢代最初政治活動的中心。《史記‧叔孫通列傳》：「漢七年（即高祖稱王的第七年，稱帝後的第三年），長樂宮成，諸侯群臣皆朝十月（漢代以十月為歲首，參見第二編）。」又《史記‧高祖本紀》：「八年……蕭丞相（蕭何）營作未央宮，立東闕、北闕（闕：這裡指大門，詳下），前殿、武庫、太倉。高祖還，見宮闕甚壯，怒，謂蕭何曰：『天下匈匈苦戰數歲，成敗未可知，是何治宮室過度也？』蕭何曰：『天下方未定，

故可因遂就宮室。且夫天子以四海為家，非壯麗無以重威，且無令後世有以加也。』高祖乃悅。」「重威」是壯其宮闕的目的之一，在我國整個封建社會中，一直為統治者的建築原則。未央宮雖成，但劉邦在位時卻仍在長樂宮居住、理事。例如《淮陰侯列傳》載呂后要殺韓信，便與蕭何設計，「詐令人從上所（皇帝那裡，指劉邦平定陳豨叛亂的前線）來，言豨已得死，列侯群臣皆賀。相國紿（騙）信曰：『雖疾（病），強入賀。』信入，呂后使武士縛信，斬之長樂鐘室。」而劉邦最後也死在長樂宮中。及至惠帝，七年後就是在未央宮死去的了。《文帝本紀》：「群臣以禮次侍。乃使太僕〔灌〕嬰與東牟侯〔劉〕興居清宮，奉天子法駕，迎於代邸（文帝為代王時在長安的官邸）。皇帝即日夕入未央宮。」大約從惠、文之際，宮廷的活動中心即轉至未央宮。

　　漢代的長安，確立了首都以宮城為主體的規劃思想，這一原則一直為歷代帝王所遵守，但各個朝代又都有所改變、發展。例如西漢宮掖全在長安城的南部；東漢建都洛陽，則城的中心建南北二宮；曹魏經營鄴城（在今河南安陽東北），以一條大道東西橫貫全城，宮城建於大道之北；隋唐的國都建在漢長安城的東南方，全城成規則的長方形，宮城設於城的北部中央，宮城以南又建皇城，以後又在城外東北方建大

明宮，城東建慶興宮；北宋的都城是汴梁（今開封市），城有三重，城牆內有內城，宮城設於內城的中央，這樣一個格局也為後來明清兩代所沿用（內城則改稱皇城）。

歷代帝王除了注意宮城的規劃建築外，同時也逐漸注意到平民住宅區、商業區和街道的規劃佈局。

漢代的長安城裡還有九府、三廟、九市、一百六十閭里，但卻分佈在城南北部的幾個宮城周圍，可以說，這時帝王與平民是「雜居」的。東漢的洛陽被宮城一分為二，東西往來不便。鄴城則有所改進，城的北半部為貴族區，宮城西邊為禁苑、倉庫、馬廄，東邊為王族居住區和官署；城的南半部為居民住宅區。歷史上有名的銅雀台在城的西北方。隋唐時期的長安有了進一步細緻的統一規劃，把城中除去宮城、皇城的所有地方，整齊地劃分為一百零八個里坊，每個里坊呈方形或長方形，並各有高大的夯土圍牆，坊有四門、十字形大街或兩門、一條東西向橫街，有許多較窄的小巷與大街相連。城的東部和西部各設一市，築有牆垣，約長四千米，四向開門。宋代汴梁的道路、建築也很整齊，據說城內共有一百二十一坊。

上述的城市格局，在古代詩文中都有不少反映。例如班固《西都賦》：

　　建金城而萬雉，呀周池而成淵。披三條之廣路，立十二之通門。內則街衢洞達，閭閻且千。九市開場，貨別隧分。人不得顧，車不得旋。闠城溢郭，旁流百廛。紅塵四合，煙雲相連。（金城：形容城牆的堅固。呀：大而空蕩的樣子。池：護城河。三條廣路：長安每面城牆各有三門，每門有大道相通，總計十二門、十二大道。閭：里門。閻：里中門。隧：市場中的路。闠：同填。郭：外城。廛：市場中的房舍。）

又：

　　周廬千列，徼道綺錯。輦路經營，修除飛閣，自未央而連桂宮，北彌明光而互長樂，凌隥道而超西墉。掍建章而連外屬，設璧門之鳳闕，上觚棱而棲金爵。（周廬，指設在宮城內四角的房屋，為宿衛官兵所居。徼：巡察。徼道：軍隊巡邏所走的道路。綺錯：像綺文那樣縱橫交叉。輦路：皇帝車輦所走的路。修：長。除：陛階。桂宮：漢武帝所建的宮廷群體建築，在未央宮以北偏西。明光：桂宮內的殿名。隥：同磴。隥道：閣道，架在空中的通道。

墉：城。抯：這裡指通達。建章：漢武帝在城外西郊
建造的宮院，與未央宮隔城相望。鳳闕：建章宮東門
外之闕。觚棱：闕角上的瓦脊。金爵：金雀，房頂上
的銅製鳥形裝飾物。）

又如白居易《晚出尋人不遇》：「輕衣穩馬槐陰下，自要
閒行一兩坊。」這是說所居相距不遠。現在北方把鄰居叫街
坊，也就是同街同坊之意。唐代設有教坊、作坊。教坊為俳
優雜伎教習之所，是音樂歌舞等藝人集居之地。作坊本為給
皇室製作用物的手工業工廠。杜甫《陪李金吾花下飲》：「醉
歸應犯夜，可怕李金吾。」詩中雖未涉及城市建築，但卻反
映了當時坊街生活的制度。漢代設執金吾，禁止夜行，後代
基本沿用。唐代各坊之門入夜緊閉，禁止出入，大道及坊內
均有人巡邏查夜，杜甫即就此而與李金吾開玩笑。

3. 庭院

垣	門	闈	閌	塾	閨	寢門
庭	廷	朝	槐	棘	庭燎	

先秦的庭院情
況，我們可以從文獻
對人物活動的描述中
體會出來。例如《左傳‧昭公二十七年》記載吳公子光（即後

來的吳王夫差）刺殺吳王僚：

> 夏四月，光伏甲於堀室而享王。王使甲坐於道，
> 及其門。門、階、戶、席皆王親也。夾之以鈹。
> 羞者獻體，改服於門外，執羞者坐行而入，執鈹者夾
> 承之，及體，以相授也。（堀室：地下室。甲：甲士。
> 及其門：指從道上一直排列到公子光的門前。鈹：
> 劍。羞者：進獻飯菜的人。獻體：脱光衣服。坐行：
> 跪行。及體：指鈹達到羞者的身體。相授：遞給王左
> 右的人。）

又《公羊傳·宣公五年》載晉靈公派人刺殺趙盾事：

> 於是使勇士某者往殺之。勇士入其大門，則無人
> 門焉者；入其閨，則無人閨焉者；上其堂，則無人焉；
> 俯而窺其戶，〔盾〕方食魚飧。

這兩段記載，準確地勾畫出了春秋時代貴族住宅的大體輪廓。

住宅用牆垣圍住，垣有門；門內有第二重院落，第二
道門較小（《爾雅·釋宮》：「宮中之門謂之闈，其小者謂之

閨。」）；主人起居的建築中最前面的是堂，堂前有階，堂後
有戶，由戶通室，室中佈席。因而吳王僚的警衛人員所站的
位置為道—門—階—戶—席；刺殺趙盾者的行動路線是門—
閨—堂—戶。

　　現在我們依次對住宅的這些部位略加敘述。

　　周代的大門一般是三開間。《說文》：「閨，特立戶也。」
所謂特立即獨立，也就是只有一個門。這是與「門，聞也」
相對而說的，閨是特立，則門非一間可知。三間中當中一間
為明間，為出入之門，左右各一間，類似後代的門房、傳達
室，叫塾。《爾雅・釋宮》：「門側之堂謂之塾。」過去私人聘
請教師來家教授子弟叫家塾或私塾，可能即由於最初以塾為
教室。門字在這一時期專指大門。《說文》：「門，聞也。」段
玉裁說：「聞者，謂外可聞於內、內可聞於外也。」許慎是以
音近的詞指出門的功能：門是阻止外人進入的，要進，
需要「傳達」。《爾雅・釋宮》：「門謂之閌。」（參阮元說改，
閌音崩），得義於防，這是着眼門的防衛作用。有人說閌為廟
門，其實最初人之所居與鬼神所居無別，門的名稱也不妨相
同。《釋宮》還說：「正門謂之應門。」前人說正門即中間一
層門，並無確證，所謂應門，即於該處呼喚，裡門應之的意
思，與「門，聞也」的用意一樣，指出了大門的作用。

　　門內為庭，即院子。講究的住宅還要設一道二門，即闡，又叫寢門。《左傳·宣公二年》：「〔鉏麑〕晨往，寢門辟矣。」又《左傳·成公十年》：「晉侯夢大厲 (鬼)，被髮及地，搏膺 (胸) 而踊……壞大門，及寢門，而入。公懼，入於室，又壞戶。公覺。」可見闡、寢門在大門與居室之間。《左傳·宣公十四年》寫楚莊王想伐宋，當他聽到派往齊國的使者被宋人殺死、有了伐宋的藉口後，興奮得立即起兵：「投袂而起，屨及於窒皇，劍及於寢門之外，車及於蒲胥之市。」(及：指僕從拿着屨、劍、趕着車追上楚莊王。) 杜預注：「窒皇，寢門闕。」即由堂至寢門的甬道。

　　大門與二門之間的院落為外庭、外朝，二門以內的院落為內庭、內朝 (後來宮廷建築複雜了，內外朝又有所指)。文獻上的朝或庭一般都是指內庭。

　　二門以內為主人居住之所，外人 (客人或臣下) 一進入二門雙方就要嚴格地按「禮」行事。因此闡可指內宅。枚乘《七發》：「今夫貴人之子，必宮居而闡處。」在封建時代女子「大門不出二門不邁」，因此女子所居之地謂之闡閣、闡房，未婚者為闡女。《漢書·谷永傳》：「意豈陛下志在闡門，未卹 (顧念) 政事。」顏師古注：「志在闡門，謂留心於女色也。」

　　內庭外庭之庭又寫作廷，意思是一樣的。《左傳·定公

四年》：「〔申包胥（楚大夫）〕立依於庭牆而哭，日夜不絕聲，
勺飲不入口，七日。」《史記·伍子胥列傳》記載此事作「包
胥立於秦廷，晝夜哭，七日七夜不絕其聲」。《論語·季氏》：
「〔孔子〕嘗獨立，鯉（孔子的兒子）趨而過庭，〔孔子〕曰：『學
詩乎？』」舊時把父親對兒子的訓誨叫「庭訓」即來源於此。

　　庭是群臣朝見君王的地方，所以君王之庭又叫朝、朝
庭。但這個庭都是在闈門以內。《左傳·宣公二年》説晉靈
公殺了宰夫，「寘諸畚，使婦人載以過朝」，過朝也就是過庭。
又《成公八年》：「齊侯使士華免（齊大夫）以戈殺國佐於內
宮（夫人之宮）之朝。」《左傳·定公三年》：「邾子在門台，
臨廷，閽（守門人）以瓶水沃廷，邾子望見之，怒。」「不庭」
即不朝，也就是對上級不服從、不行臣禮。《左傳·成公
十二年》：「癸亥，盟於宋西門之外，曰：『凡晉楚無（勿）
相加戎（軍事、戰爭），好惡同之……謀其不協而討不庭。』」

　　庭都較大。《史記·張儀列傳》：「王雖許公（指犀首），
公請毋多車，以車三十乘，可陳之於庭，明言之燕趙。」古
代有車必有馬（詳第四編），三十套車馬陳於庭中，庭的面
積小了是不行的。

　　庭中要植樹。《周禮·朝士》：「掌建邦（國）外朝（君臣
議事之朝）之法。左九棘，孤卿大夫位焉（即站立在那裡），

群士在其後；右九棘，公侯伯子男位焉，群吏在其後；面（正面）三槐，三公位焉，州長眾庶在其後。」棘、槐作為公侯臣吏列位的標誌，這在當時是否果真如此還難以斷定，但一經禮書上這樣寫，後代即用棘、槐指朝廷高位。例如《陳書・侯安都傳》：「位極三槐，任居四嶽。」任昉《桓宣城碑》：「將登槐棘，宏振綱網。」即都以槐、棘喻三公。《南齊書・高帝紀上》：「明日，〔齊〕太祖戎服（穿着軍裝）出殿庭槐樹下，召四貴集議。」這也可證明庭中植槐。但並不是只有宮中之庭才樹槐。《左傳・宣公二年》寫刺殺趙盾的鉏麑被趙盾所感動，不但沒有殺趙盾，反而「觸槐而死」，可見趙盾的庭中有槐。《宋書・王旦傳》：「王旦父祜為尚書兵部侍郎……手植三槐於庭，曰：『吾之後世必有為三公者，此其所以志也。』」王祜在自己家裡種槐而三，也説明起碼到南北朝時已經絕對沒有在朝庭樹三槐九棘的制度了。

君王的庭中還設火炬，叫庭燎。據説天子百燎，公五十，侯伯子男三十（見《大戴禮記》）。《韓詩外傳》卷三：「齊桓公設庭燎，為士之欲造見者。」《國語・晉語》：「〔周襄王〕饋九牢（太牢），設庭燎。」可見庭燎不全是為了照明，也是為了接待賓客顯得隆重、有氣派。《禮記・郊特牲》：「庭燎之百，由齊桓公始也。」則到春秋時周王朝的制度就已打破了。

4. 堂室

堂	階	除	陛	序	楹	廉
室	戶	牖	向	宸	斧	依

從大門走過庭院，就來到居住的主體建築前。主體建築由堂、室、房組成，都建在高台上，而且一般都是坐北朝南。

堂在最前面，因此「堂下」就是庭（內庭）。《晏子春秋·內篇問上》：「晏子辭不為臣，退而窮處。堂下生蔾藋，門外生荊棘。」意即來客很少，門裡門外一片荒蕪。

堂既然建在高台上，所以堂前有階梯，左右各一，稱西階、東階。古人在室外尊左，因此西階是賓客走的。《史記·魏公子列傳》：「趙王埽（掃）除（台階）自迎，執主人之禮，引公子就西階。公子側行辭讓，從東階上。」走東階，即不敢以尊者（賓）自居。階又叫除、陛。《漢書·梅福傳》：「故願一登文石（有紋飾的石）之陛，涉赤墀（以顏料塗抹在地上）之塗（同途。指庭中的路），當（面對）戶牖（窗，詳下）之法坐（正坐，這裡指皇帝的坐位），盡平生之愚慮。」文陛、赤塗、法坐，全是皇帝所專有；登（升）陛、涉塗，即走到堂上去。古代稱皇帝為陛下，就是因為表示謙恭不敢直呼對方而與在階下伺候的官員、衛士說話。尊者在場，卑者是不能升堂的。

　　堂有東西兩面牆，稱做東序、西序；堂的南面沒有牆，只有兩根柱子，叫東楹、西楹。後代房前的廊子以及現在有些地區前後開門的「堂屋」，即來源於堂。堂既沒有南牆，因而敞亮，於是又名堂皇。《漢書·胡建傳》：「於是當選士馬日，監御史與護軍諸校列坐堂皇上。」後人以堂皇為講武之所，其實是誤解。也是因為堂一面無牆，其邊沿暴露於外，所以有個專名叫廉。廉必直，所以常用以比喻形容人的正直，說廉正、廉潔。

　　堂是房屋的主人平時活動、行禮、待客的地方。《史記·范睢蔡澤列傳》：「范睢大供具（準備了極豐盛的飲食），盡請諸侯使，與坐堂上，食飲甚設（等於說考究），而坐須賈堂下，置莝（剉碎的草）豆其前，令兩黥徒（受過黥刑的人）夾而馬食之（像餵馬那樣讓須賈吃）。」諸侯使是客，所以坐堂上；范睢有意侮辱須賈以報前怨，所以坐之堂下。又《史記·平原君列傳》寫門客毛遂陪同平原君到楚國去訂盟約，「日出而言之，日中不決，」於是「毛遂按劍歷階而上」，用威脅的手段逼着楚王訂盟，「遂定從（同縱，縱約，戰國時東方各國聯合抗秦的盟約）於殿上。毛遂左手持槃（同盤）血而右手招十九人（同來者）曰：『公相與歃此血於堂下。』」此處的「殿上」即堂上，殿最初既不限於帝王所居，也不限

於「室」內。又，《孟子·梁惠王上》：「王坐於堂上，有牽牛
而過堂下者，王見之，曰：『牛何之（往）？』曰：『將以釁（等
於説祭）鐘。』」齊宣王坐在堂上，就和孔子站在堂上一樣，
是正常的活動；同樣是由於堂無南牆，所以他才能看到牽牛
人並與之交談。

　　達官貴人的堂都較高。《韓詩外傳》卷七：「曾子（名參，
孔子弟子）曰：『……吾嘗南遊於楚，得尊官焉，堂高九仞（八
尺），轉轂百乘，猶北向而泣涕者，非為賤也，悲不逮吾親
也。』九仞似乎太高了，但即使除去其中誇張的因素，其堂
也很可觀。漢代的賈誼曾經打過比方：「人主之尊譬如堂，群
臣如陛，眾庶如地。故陛九級上，廉遠地，則堂高；陛亡（無）
級，廉近地，則堂卑。」這個比喻的客觀基礎也是堂普遍較高。

　　堂後是室，有戶相通。要入室必先登堂，所以《論語·
先進》寫孔子批評子路鼓瑟的技術不佳、因而同學們對子路
不敬，於是孔子又説：「由也（子路名由），升堂矣，未入於
室也。」這是用進入室內比喻功夫「到家」。雖未入室，但已
升堂，這是説子路的造詣也已差不多了。後代以「升堂入室」
表示得到某人學問的要諦、真傳，即來源於此。

　　戶為由堂入室的通道，所以孔子説：「誰能出不由戶，何
莫由斯道也？」（《論語·雍也》）以戶與仁道相比，是很恰當

的。《說文》：「戶，護也。」這和「門，聞也」一樣，是用聲訓的方法表明戶的作用：戶是保護主人不受風寒與盜賊侵襲的。《禮記‧禮運》描寫理想中的大同世界的情景為「謀閉而不興，盜竊亂賊而不作，故外戶而不閉」。外戶即戶向外開，閉指插上門栓。由此可知在古代戶是向內開，這樣才便於閉緊防盜。《韓詩外傳》卷十：「暮無（不）閉門，寢無閉戶。」後代有「夜不閉戶」的說法，也說明了「戶，護也」的道理。

　　古代詩文中說到戶一般都指房室之門。《論語‧陽貨》：「孺悲（魯國人）欲見孔子，孔子辭以疾。將命者（傳話的人）出戶，取瑟而歌，使之聞之。」這是說孔子裝病，但又有意讓將命者和孺悲知道自己沒病，只是不願見，所以將命者才邁出房門他就唱起來。《木蘭詩》：「唧唧復唧唧，木蘭當戶織。」當戶即在室內正對房門，此處敞亮便於操作。《孔雀東南飛》：「府吏默無聲，再拜還入戶。舉言謂新婦，哽咽不能語」；「府吏再拜還，長歎空房中。作計乃爾立，轉頭向戶裡。」兩個戶，都指焦仲卿夫婦所居之室的門。試對比：「往昔初陽歲，謝（辭別）家來貴門」，「出門登車去，落涕百餘行」，則門都是院門、街門。古代的室有的還有旁門。《左傳‧襄公二十五年》：「姜（齊國棠邑大夫的寡妻）入於室，與崔子（崔杼，齊大夫）自側戶出。」

　　室、堂之間還有窗子，即上文提到的牖。戶偏東，牖偏西。《論語・雍也》:「伯牛（孔子的弟子）有疾，子問（探視、慰問）之，自牖執其手，曰:『亡之，命矣夫！斯人也，而有斯疾也！斯人也，而有斯疾也！』」看來伯牛病得不輕，所以孔子這樣動情；客人一般不應進入主人之室，所以孔子與伯牛隔窗而語（前人認為伯牛得的是「癩」，不想讓孔子看到）。《列子・湯問》:「昌（紀昌，傳說中的善射者）以氂（氂牛的毛）懸蝨於牖，南面而望之。」牖南向，明亮，所以藉以練習目力。室的北牆還有一個窗子，叫向。《說文》:「北出牖也。」《詩經・豳風・七月》:「穹窒（堵塞室壁的孔隙）熏鼠，塞向墐戶（用泥把門的漏縫抹住）。」

　　在堂的北邊、室的戶與牖之間這塊地方有個專名叫扆。《淮南子・氾論訓》:「武王崩，成王幼少，周公繼文王之業，履天子之籍（等於說位），聽天下之政，平夷狄之亂，誅管、蔡（周公的兄、弟）之罪，負扆而朝諸侯。」負扆，即背對着扆，也就是在戶、牖之間向南的位置。因此古代即以「南面」（面向南）為稱王為帝的代名詞。若在戶牖之間立屏風，也叫扆或依。《禮記・曲禮下》:「天子當依而立。」《釋文》:「扆狀如屏風，畫為斧文。」孔穎達疏:「依狀如屏風，以絳為質，高八尺，東西當戶牖之間，繡為斧文也。」這恐

怕已是按後代的情形進行解釋了。扆作為屏風的名稱，又稱斧扆、斧依。《儀禮·覲禮》：「天子設斧依於戶牖之間。」張衡《東京賦》：「冠通天（通天：冠名），佩玉璽，紆皇組，要干將（要即腰。指佩帶着名劍），負斧扆。」

　　古代的宮室庭院即如上述，我們據此再去閱讀古書，就會更準確地理解作者的行文，甚至可以更清楚地看出作者的苦心。例如《左傳·莊公八年》寫齊國內亂：

　　　〔齊襄公〕隊於車，傷足，喪屨。反，誅屨於徒人費。弗得，鞭之見血，〔費〕走出。遇賊於門，〔賊〕劫而束之。費曰：「我奚禦哉！」袒而示之背。信之。費請先入，伏公而出，鬥，死於門中。石之紛如死於階下。遂入，殺孟陽於床，曰：「非君也，不類。」見公之足於戶下，遂弒之。（隊：墜。喪：丟掉了。誅：責求。徒人：受過刑的人，一般充當奴僕。奚：何。禦：抵抗。石之紛如、孟陽都是齊之小臣。類：像。）

作者是按照事情發展的順序寫的，由於確切地點明了幾個人被殺的地點，就可以使人想見當時戰鬥從外向內發展的激烈、迅速。特別是石之紛如死於堂階之下，說明他是且戰且

退的；在戶下看到公足，這是因為戶向裡開，齊襄公是立在門後的。

又如《論語‧衛靈公》：

> 師冕見。及階，子曰：「階也。」及席，子曰：「席也。」皆坐，子告之曰：「某在斯，某在斯。」

師冕是盲人，按照升堂就坐的順序寫在階、席等關鍵處，孔子對殘疾者的愛護和尊敬便躍然紙上了。

前面我們提到，《左傳‧莊公二十七年》寫刺王僚的一段清楚地指出了衛士排列的順序；與之相對照的，是《史記‧刺客列傳》對這件事的記述。司馬遷寫道：「王僚使兵陳（排列），自宮至光之家，門、戶、階陛、左右，皆王僚之親戚也。」先戶而後階陛，顛倒了次序，顯然不如《左傳》「實錄」的準確。

5. 其他建築

| 台 | 廊 | 屏 | 樹 | 蕭牆 |
| 廊 | 廡 | 房 | 箱 | |

陝西岐山縣鳳雛村曾出土了一個西周初年的建築遺址，這是一個相當嚴整的兩進四合院

式的建築。這個遺址既可以證實古代文獻上的一些記載，又可以看出，當時的建築並非像儒家經典上所規定的那樣死板。

這個遺址與記載不同之處有：除庭院外，所有建築物都建在台上；堂前有三階而非兩階；堂上楹柱達到十根而非兩根，而且立在屋頂下而並非在堂邊；堂與室並不由戶、牖相通，而是以廊相連，廊的左右形成第二進的兩個小庭院，面對着室的門也有階。

遺址中的有些部分與記載相合。例如大門外有影壁，大門旁有塾，庭院的左右有廊廡（很像後代的廂房），等等。

門外的影壁古代叫屏，叫樹，又叫蕭牆。《荀子·大略》：「天子外屏，諸侯內屏，禮也。外屏，不欲見外也；內屏，不欲見內也。」《爾雅·釋宮》：「屏謂之樹。」《禮記·郊特牲》：「台門而旅樹（旅：指道路。旅樹：以屏從旁擋在道路與門之間）⋯⋯大夫之僭（非法地超越）禮也。」從鳳雛村遺址看，內屏、外屏之說不可信。《論語·季氏》寫魯國的掌權大夫季氏要伐魯的屬國顓臾，孔子說：「吾恐季孫之憂不在顓臾，而在蕭牆之內也。」蕭牆以內即住宅本體，這是孔子看到了季氏的家臣陽貨已經把持了季氏的家政，暗示臣將危主，家起內亂。後代稱家族內訌為蕭牆之禍，即本此。

古代也有房。現在房、室無別，在古代可不是一回事。

《説文》：「房，室在旁也。」段玉裁説：「凡堂之內，中為正室，左右為房，所謂東房、西房也。」《尚書‧顧命》：「胤（國名）之舞衣、大貝、鼖（大軍鼓）鼓在西房；兌之戈、和之弓、垂之竹矢（兌、和、垂：古代的巧匠）在東房。」東房、西房，很像後代一明兩暗的房子中的東套間、西套間。《呂氏春秋‧報更》：「晉靈公欲殺宣孟（趙盾），伏士於房中以待之。」伏於旁室才不會被趙盾發覺。《左傳‧宣公十七年》：「晉侯使郤克徵會於齊，齊頃公帷（用帷幔遮住）婦人使觀之。郤子登，婦人笑於房。獻子（即郤克）怒，出曰：『所不此報，無能涉河。』」郤克足跛，登堂時必不方便，所以婦人笑；郤克與齊侯相會婦人不應在側，所以笑於房，既能看熱鬧，而笑聲郤克也能聽到。《左傳‧襄公十年》：「宋公享晉侯於楚丘，請以桑林（天子之樂）……舞師題以旌夏（用大旗標誌舞者行列），晉侯懼而退，入於房。去旌，卒享而還。及著雍（晉地名），疾。」晉侯大約由於身體虛弱而易驚，入房則不見旌夏。《漢書‧晁錯傳》：「先為〔移民〕築室，家有一堂二內，門、戶之閉。」張晏注：「二內，二房也。」這個「房」，可能已經是簡化了的住宅的內室，類似現在一明兩暗的暗間、套間。

古代住宅中還有「箱」。《漢書‧晁錯傳》：「上（漢景帝）

問曰：『計安出？』〔袁〕盎對曰：『願屏（避開）左右。』上屏
人（指讓人離開），獨錯在。盎曰：『臣所言，人臣不得知。』
乃屏錯。錯趨避東箱，甚恨。」又《東方朔傳》：「〔館陶公主〕
起之（往）東箱，自引董君（董偃）。」又《周昌傳》：「呂后側
耳於東箱聽。」對於甚麼是箱，歷來說法不一。有人說堂東
西側序外還建有一道牆，形成個狹窄的空間，當中隔開，北
半部（與房為一牆之隔）叫東夾西夾，南半部叫東堂西堂，也
叫東箱西箱（《儀禮》鄭玄注）。有人說「正寢（君王辦公的地
方，等於說正室）之東西室皆曰箱，言似箱篋之形」（《漢書》
顏師古注）。「殿東西次為箱」（《東京賦》薛綜注）。而鳳雛
村出土的遺址中堂邊根本沒有小堂，庭院之東西反有廊廡，
近似後代的廂房（廂同箱）。考察上邊所引的《漢書》的幾個
例子，從《周昌傳》看，應是東西序旁的小堂，從《晁錯傳》、
《東方朔傳》看，應是庭東西兩側的房屋。對這個問題我們
暫時可以不去深究，只要知道不是庭院中的主要處所，距離
堂室不遠就可以了。至於像《南齊書·東昏侯傳》上說的「乾
和殿西廂火」，恐怕就與現在所說的廂房無別了。

　　現在說說廊廡。上邊已經提到，廊廡即庭院兩側建的房
子（庭院南邊有門，北邊有堂，所以只剩下東西兩側）。廊與
廡為同義詞，古代都解為「堂下周（四周的）屋」。《史記·

魏其武安侯列傳》：「乃拜〔灌〕嬰為大將軍，賜金千斤……所
賜金，〔嬰〕陳之廊廡下，軍吏過，輒令財（裁）取為用。」因
為古代君王的前堂（前殿）也叫廟，所以廊廟連稱以指朝廷。
如《史記·貨殖列傳》：「由此觀之，賢人深謀於廊廟，論議
朝廷；守信死節隱居岩穴之士設為名高者安歸乎？」

6. 室內

隅　奧　屋漏　宧　窔　灶

室有四角，古稱角為
隅。《禮記·檀弓上》：「曾
子寢疾，病（病重了）。樂正子春（曾子的弟子）坐於床下，
曾元、曾參（曾子的兒子）坐於足，童子隅坐而執燭。」童子
不能與成人並坐，所以坐在角落裡。《論語·述而》：「舉一
隅不以三隅反，則不復也。」意思是給他講室的一角而對方
不能聯想類推另三個角，就不再重複指點了：這個人的智力
和學習的積極性有問題。室角必須九十度，所以「廉隅」連
言表示正直不阿。

室內四角都有專名。《爾雅·釋宮》：「西南隅謂之奧，
西北隅謂之屋漏，東北隅謂之宧，東南隅謂之窔。」奧與窔
都有幽深、黑暗的意思。陽光自戶、牖入室，室內自然是北
邊亮南邊暗，所以南邊兩角以奧、窔為名。對屋漏與宧這

兩個名字的來源歷來說法很多，大多附會禮制，難以自圓其說。估計與原始社會的住室情況有關，還有待於研究。

四隅中以奧為最尊。所以《禮記・曲禮上》說：「夫為人子者（即父母還在的男人）居不主奧。」奧是室內的主要祭祀之所。古人迷信，又是泛神論，單說居室中所要祭的神就有戶、雷、門、灶等。在奧祭就是總祭上述諸神。《論語・八佾》：「王孫賈（衛大夫）問曰：『「與其媚於奧，寧媚於灶」，何謂也？』子曰：『不然。獲罪於天，無所禱矣。』」王孫賈所引的大概是當時的俗語，其意思是在奧對神集體總祭，可是卻沒有奧神，祭的對象是抽象的；灶有灶神，在灶前祭則是具體的，可以致人禍福，因此應該祭此捨彼。這話頗有點「縣官不如現管」的味道，因此被拘執於禮義原則的孔子所否定。

灶一般在屋子的中央，這樣既便於使室內四面的溫度均勻，同時進火口對着戶、牖可以保證燒火所需的自然氣流，而進入室內的冷空氣也立即得到加熱。在照明困難的時代，灶火也是夜晚光亮的主要來源。《韓非子・內儲說上》：「夫灶，一人煬（烤火）焉，則後人（後面的人）無從見矣。」這是因為煬者擋住了火亮。《列子・黃帝》：「其（指楊朱）往也，舍（客舍主人）迎將家，公（男主人）執席，妻執巾櫛（梳子），

舍者(同住的人)避席,爇者避灶。其反也,舍者與之爭灶、席矣。」避灶是因為有新客人到來需要亮光,也需要取取暖。

(二) 陳設和起居

1. 室內陳設

席 簀 帷 幕 几 床 胡床 榻

南北朝以前沒有桌椅凳,而是坐在地上。坐時在地上鋪張席子,所以說「席地而坐」。睡覺也在席子上面,所以又有「寢不安席」、「擇席之病」的說法。稍講究一點的,坐時在大席子上再鋪一張小席,謂之重席。《左傳·襄公二十三年》:「季氏飲大夫酒,臧紇為客(上賓)。既獻(主敬客酒),臧孫命北面(面向北的位置)重席,新樽絜(潔)之,召悼子(季氏將立為嫡子者),降(下堂)逆之,大夫皆起。」此處為悼子設重席,就是要為他設特別的座位,突出他的重要。對於君侯貴族來說只鋪一張席子就算儉樸的了。《左傳·哀公元年》:「昔闔廬食不二味,居不重席。」《世說新語·德行》:「王恭從會稽還,王大(名忱)看之,見其坐六尺簟(竹席),因語恭:『卿東來,故應有此物,可以一領及我。』恭無言,大去後,即舉所坐者送之。既無

餘席，便坐薦（草墊子）上。」但是貧苦人，包括下級士卒卻是沒有席子的。《史記·孫子列傳》：「起之為將，與士卒最下者同衣食，臥不設席，行不騎乘，親裹贏糧，與士卒分勞苦。」不設席是同甘苦的內容之一，可見士卒之最下者行軍打仗就睡在地上。

竹席最初叫簀。《禮記·檀弓上》寫曾子病重，「童子曰：『華而睆（上漆），大夫之簀與？』」意思是曾子臨死睡這樣華美的竹席是違背禮的。《史記·范睢蔡澤列傳》：「睢佯死，即捲以簀，置廁中。」這和後代以席裹捲屍體草草埋葬是一樣的。

《晏子春秋·內篇諫下》有這樣一個故事：「〔齊〕景公獵，休，坐地而食。晏子後至，左右滅蕟而席（撥倒蘆葦權且當席）。公不說，曰：『寡人不席而坐地，二三子（指隨行的大臣）莫席，而子獨褰草而坐之，何也？』晏子對曰：『臣聞介冑坐陳（陣）不席，獄訟不席，屍在堂上不席（屍：代表死者受祭的人。這句是說在喪事期間不席）。三者皆憂也。故不敢以憂侍坐。』」這個故事告訴我們，對於貴族們說來，鋪席才是正常的，該鋪席而不鋪則是非禮的。

下面就是晏嬰所說的「不席」的幾種情況。

《左傳·文公十二年》：「秦軍掩晉上軍，趙穿追之不及，

反，怒曰：『裹糧坐甲，固敵是求。敵至不擊，將何俟焉！』」坐甲，即把甲放在地上坐。這是「坐陳不席」。《左傳·襄公十年》：「王叔陳生與伯輿（二人是周王卿士）爭政……王叔之宰（家臣）與伯輿之大夫瑕禽坐獄（打官司）於王庭，士匄（晉大夫）聽之。」坐於周王庭中，也是沒有席的。這是「獄訟不席」。《公羊傳·昭公二十五年》：「昭公於是嗷（哭的聲音）然而哭，諸大夫皆哭。既哭，以人為菑（牆垣），以帷（車軾上的覆蓋物）為席，以鞍為几，以遇禮（諸侯相遇之禮）相見。」魯昭公此時被逐流亡到齊，雖非「屍在堂」，但也是「憂」事，所以不設席；但諸侯相見於路不應直接坐在地上，於是以帷為席。辦法折中，兩全其美。

古代還在堂上室內設帷幕。帷與幕有別。《說文》：「在旁曰帷」，「帷在上曰幕」。上文提到《左傳·宣公七年》所載齊頃公「帷婦人」以觀郤克事，即於房室中張帷。堂上也可以張帷，但最初一般是喪禮的需要。《儀禮·士喪禮》：「奠脯、醢、醴、酒，升自阼階，奠於屍東，帷堂。」這是對士剛剛死去時的規定。這時死者尚未穿衣（壽衣），用帷遮住，準備迎接賓客的弔唁。《左傳·文公十五年》：「〔魯大夫公孫敖卒〕聲己（公孫敖之妻）不視，帷堂而哭。」《禮記·檀弓下》說到這件事時說：「帷殯（停柩），非古也，自敬姜（即聲己）

之哭穆伯始也。」據説聲己怨恨丈夫拋掉自己而與莒國之女結合，因此穆伯已經入殮應該撤帷了，聲己還隔帷而哭，意思是不想看到穆伯。在實際生活中其實並非全按「禮」行事，如果需要，堂上也隨時可以施帷。《呂氏春秋‧首時》：「伍子胥欲見吳王而不得，客有言之於王子光者，見之，而惡其貌，不聽其説而辭之。客請之王子光，王子光曰：『其貌適吾所甚惡也。』客以聞伍子胥，伍子胥曰：『此易故（事）也。願令王子居於堂上，重帷見其衣若（與）手，請因説之。』王子許。伍子胥説之半，王子光舉帷搏（拍）其手而與之坐。」《史記‧范雎蔡澤列傳》：「〔須賈〕乃肉袒膝行，因門下人謝罪。於是范雎盛帷帳，侍者甚眾，見之。」范雎帷帳也應該是設在堂上的。

　　古代室內設几。几為長方形，不高，類似現在北方的炕桌或小茶几。但作用卻與炕桌等不同，主要是為坐時憑倚以稍休息。《詩經‧大雅‧公列》：「俾筵俾几，既登乃依。」意思是讓人給賓客鋪設好席、几，客人們登上了筵席，靠在几上。

　　古人在一般情況下是不倚几的。《左傳‧昭公五年》：「〔聖王〕設機（同几）而不倚，爵盈而不飲。」這本是説諸侯間相聘問時應該「正襟危坐」，否則就是不「禮」。其實平時

親友相見也是一樣的，對客坐而倚几，是一種不嚴肅、懶散的表現，因而也為禮所不許。《孟子·公孫丑下》：「孟子去齊，宿於晝。有欲為王（齊宣王）留行者，坐而言，不應，隱（倚）几而臥。客不悅，曰：『弟子齊宿（恭敬）而後敢言，夫子臥而不聽，請勿復敢見矣。』」《莊子·齊物論》：「南郭子綦隱機而坐，仰天而噓，荅焉（身體像散了架子）似喪其耦（同偶）。顏成子游立侍乎前，曰：『何居乎？形固可使如槁木，而心固可使如死灰乎？』」南郭子綦此時是把主客觀都忘掉了，而其形體與懶散無異，所以隱几。對於上了年紀的人來說隱几則是理所當然的。《禮記·曲禮上》：「謀於長者，必操几杖以從之。」帝王賜人以几則表示敬老。《陳書·王沖傳》：「文帝即位，益加尊重〔王沖〕。〔沖〕嘗從文帝幸司空徐度宅，宴筵之上賜以几。其見重如此。」但從三國時代起，桌案之類開始多起來，几已不多見。《三國志·毛玠傳》：「初，太祖（曹操）平聊城，班（同頒，分賞）所獲品物，特以素屏風、素馮（倚）几賜玠，曰：『君有古人之風，故賜君古人之服。』」即稱古，說明非當時通行之物。

古代室內有床，但與現代的床不同，較矮，較小，主要是供人坐的。《史記·酈生列傳》：「酈生至，入謁，沛公方倨床使兩女子洗足而見酈生。」但床偶爾也當臥具，特別是

不在房子裡住宿時。《左傳‧宣公十五年》：「宋人懼，使華元（宋大夫）夜入楚師，登子反（楚帥）之床，起之。」既是「起之」，可知原先是臥於床的。大約到南北朝時期床即已是坐臥兩用了。《世說新語‧德行》：「晉簡文為撫軍時，所坐床上塵不見拂，見鼠行跡，視以為佳。」這是「坐床」。又：「〔王〕祥嘗在別床眠，母自往闇（同暗）斫之。」這是「臥床」。《南齊書‧褚淵傳》：「有一傖父（等於說窮老頭）冷病積年，重茵累褥，床下設爐火，猶不差（指冷覺稍緩）。」上有褥，下有火，可見也是臥具。又《王玄載傳》：「世祖時在大床寢，〔王〕瞻謂豫章王曰：『帳中物（指齊世祖）亦復隨人起興。』世祖銜（心中惱恨）之，未嘗形色。」床而大，並支帳，這已經是寢臥專用的床了。

　　從東漢末年起出現了一種「胡床」，大約是北方遊牧民族為遷徙方便而創製的，中原地區在民族交往中引進，因為跟中原所習用的床有同有異，所以加胡字以示區別。胡床的床面係用繩帶交叉貫穿而成，可以摺起，類似今天的馬紮，所以又稱繩床、校（交）椅。《世說新語‧容止》：「俄而〔庾亮〕率左右十許人步來，諸賢欲起避之，公徐云：『諸君少住，老子於此處（指詠詩）興復不淺。』因便據胡床與諸人詠謔。」因為胡床輕巧便於搬動，所以常常移至室外使用。後來的木

質交椅，今之摺疊椅、凳，即由胡床發展而來。

古書上還常提到榻。榻跟床差不多，可坐，可臥。《三國志‧管寧傳》注引《高士傳》：「管寧自越海及歸，常坐一木榻，積五十餘年未嘗箕股（即箕踞，詳下），其榻上當膝處皆穿。」這是「坐榻」。由此也可知在床或榻上坐時與席地而坐一樣，還是「跪坐」。《三國志‧簡雍傳》：「〔簡雍〕性簡傲跌宕。在先主（劉備）坐席猶箕踞（一種不嚴肅的坐法，詳下）傾倚，威儀不肅，自縱適。自諸葛亮已下，則獨擅一榻，項枕臥語，無所為屈。」這是以榻為臥具。

2. 起居習慣

坐	跽	長跪	箕踞	中席	異席
避席	違席	膝席	直席	在堂	
在庭	南鄉	北鄉	東鄉	西鄉	
上堂	屨不上堂				

我們曾經多次談到古人是席地而坐的。坐的姿勢又是怎樣的呢？

古人坐時兩膝着地，兩腳的腳背朝下，臀部落在腳踵上。現在朝鮮、日本還保留着這種坐法。因膝蓋着地（或坐具），所以管寧的木榻「當膝處皆穿」。如果將臀部抬起，上身挺直，就叫長跪，又叫跽。這是將要站起身的準備姿勢，也是對別人尊敬的表

示。《史記·項羽本紀》:「〔樊〕噲遂入,披帷西鄉(向)立,瞋目視項王,頭髮上指,目眥(眼眶)盡裂。項王按劍而跽,曰:『客何為者?』」樊噲突然闖進而又怒容滿面,使得項羽一驚,「按劍」與「跽」是同時產生的下意識準備起身自衛的動作。又《范睢蔡澤列傳》:「秦王屏左右,宮中虛無人。秦王跽而請曰:『先生何以幸教寡人?』」又《孟嘗君列傳》:「秦王跽而問之(馮驩)曰:『何以使秦無為雌而可?』」這都是為要請教對方、對對方表示敬意而跽。跽之所以又叫長跪,是因為上身聳起,身子便長了。《史記·留侯世家》:「良嘗閒從容步遊下邳圯(橋)上,有一老父,衣褐,至良所,直墮其履圯下,顧謂良曰:『孺子,下取履!』良鄂(同愕)然,欲毆之。為其老,強忍,下取履。父曰:『履我!』良業(已經)為取履,因長跪履之。」張良的表現是好的,不僅「履之」,而且「長跪」,所以老人說「孺子可教」,並把《太公兵書》傳給他。古樂府《飲馬長城窟行》:「長跪讀素書,書中竟何如?」這個長跪,則是妻子懷念久征在外的丈夫,一旦丈夫來信,不禁驚喜得直起了身。有時,古書中並沒有明言怎麼坐着,但從人物的動作中還是可以體會得出他的姿勢的。例如《論語·先進》寫孔子向弟子們詢問其各自的志向,當問到曾皙(字點)時,「鼓瑟希(稀),鏗爾,捨瑟而作」。要

鼓瑟，必須「坐」；瑟本來倚在大腿上（如朝鮮彈奏古琴猶如是），捨瑟，瑟落，所以「鏗爾」有聲；捨瑟是為了「作」，作即起，也就是長跪，這是學生回答老師的問題時所必須的。

古人還有一種「不規矩」的坐法，叫箕踞，或單稱箕或踞。其姿勢為兩腿平伸，上身與腿成直角，形似簸箕。有他人在而箕踞是對對方的極不尊重。《田叔列傳》：「趙王張敖自持案進食，禮恭甚，高祖箕踞罵之。」荊軻先被秦王（即秦始皇）「斷其左股」而「廢」（站不起來），然後又身「被八創」，「箕踞」是他就勢而坐的結果，而其效果則是對對方的輕蔑。劉邦經常箕踞罵人，卻是有意如此。《禮記·曲禮上》規定：「坐毋箕。」這是符合當時社會的風俗和習慣的。《韓詩外傳》卷九：「孟子妻獨居，踞。孟子入戶視之，白其母曰：『婦無禮，去之（等於說休了她）。』母曰：『何也？』曰：『踞。』」由這個故事可以看出坐的姿勢正確與否的嚴重性。但是如果不是有意凌人傲物，那麼箕踞就是不拘小節的表現。《世說新語·任誕》：「衛君長（衛永）為溫公（名嶠）長史，溫公甚善之。每率爾提酒脯就衛，箕踞相對彌日。衛往溫許（處）亦爾。」在禮教甚嚴的時代，這二人的行為實際上帶有一點反抗性，在一定的場合還會受到稱讚。

坐在席上也還有些講究。《禮記·曲禮上》：「為人子

者……坐不中席。」據説一張席子，獨坐時以中為尊，既為
人子，即使獨坐也只能靠邊。又：「群居五人則長者必異席。」
一張席子只能坐四人，四人中的尊者應居席端（合坐以端為
上），多了一個人，不能尊卑擠在一起，於是請其中的尊者到
另一張席上去獨坐（當然，坐時要居中）。

　　已經坐在席上，如果有尊者進來或離席走到跟前來，就
用「避席」的辦法自表謙卑，而且要伏地。《史記·魏其武安
侯列傳》：「飲酒酣，武安起為壽，坐皆避席伏。已，魏其侯
為壽，獨故人避席耳，餘半膝席。」避席伏即離開席子在地面
上伏，膝席則原地不動以膝着地，也就是長跪，雖然也是表
示敬重，但其程度差多了，所以引得魏其侯的好友灌夫惱怒。
避席又叫違席。《晏子春秋·內篇雜上》：「〔齊〕景公有愛女，
請嫁於晏子……晏子違席而對曰：『……君雖有賜，可以使嬰
倍（同背）其託（指其妻託身於晏嬰）乎？』再拜而辭。」

　　席子在室堂中要放正，即席的四邊要與室堂的邊、壁平
行。《論語·鄉黨》：「席不正，不坐。」《晏子春秋·內篇雜
上》：「燕之遊士有泯子午者，南見晏子於齊……客退，晏子
直席而坐，廢朝移時。」直席也就是正席，表示心情的鄭重
嚴肅。

　　尊者在堂則卑者在庭。賓客是受尊重的，所以凡以賓主

之禮相待的上堂，而賓客的從者也須站在庭中。《韓詩外傳》卷五：「楚成王讀書於殿上，而輪扁在下。」輪扁是匠人，自然不得升堂。《左傳·宣公二年》：「晉侯（晉靈公）飲趙盾酒，伏甲將攻之。其右提彌明知之，趨登，曰：『臣侍君宴，過三爵，非禮也。』遂扶以下。」提彌明「登」而後扶走趙盾，因為開始他是按禮的要求站在堂下的；他「趨」而登，是合乎禮的（參見第四編）；攙走趙盾的藉口也是臣侍君宴的禮。提彌明在這一瞬間的活動，只有擅自登堂不合乎禮，但這是應付突然事變的需要。又《成公三年》：「晉侯享齊侯。齊侯視韓厥（晉大夫），韓厥曰：『君知（指認識）厥也乎？』齊侯曰：『服改矣。』韓厥登，舉爵曰：『臣之不敢愛死，為兩君之在此堂也。』」既言「登」，則本在下。無君命而登，這是越禮的。這是因為在前一年的鞌之戰中韓厥差點親手俘虜了齊侯，他在這裡說的話已是勝利者的姿態，是有意對齊侯不敬。前面曾經提到毛遂跟着趙國公子平原君赴楚簽訂縱約的事，在毛遂「按劍歷階而上」後，楚王曾叱道：「胡（何）不下！吾乃與而（你）君言，汝何為者也！」這也是因為毛遂不該登堂。即使不是君臣、上下的關係，在堂上與堂下也是有很大區別的。

　　古人在室內很講究坐次。因為奧在四隅中最尊，所以在

室內以坐西向東的位置為最尊，其次是坐北向南，再次是坐南向北，坐東向西的位置最卑。《禮記·曲禮上》：「席南鄉（向）北鄉，以西方為上；東鄉西鄉，以南方為上。」這是就幾個人同一張席上而言的，但與上述的室內擺席的尊卑次第相合。《史記·項羽本紀》中「鴻門宴」的坐法就是一幅完整的清清楚楚的位次圖：「項王即日因留沛公與飲。項王、項伯東鄉坐，亞父南鄉坐——亞父者，范增也，張良西鄉侍。」這個宴會是在軍帳中舉行的，其排列方法一如室內。項羽自坐東向，是其自尊自大的表現；范增雖是謀士，卻號稱亞父，因此南向，司馬遷偏偏在這裡加上對「亞父」一詞的注解，也有說明他何以南向坐的意思；劉邦北向，說明項羽根本沒把他當成客人平等地對待，其地位還不如項羽手下的謀士；張良的地位更低，當然只能西向，而且要加一「侍」字。樊噲後來進入帷帳，因為他只是個車右，所以連個座位也沒有，只能隨着張良在最卑的位置，而且站着，給他酒，也只能「立而飲之」。在這個席面上項伯最不好安排。他是項羽的叔叔，在家裡他尊，在軍中則侄兒尊，只好稍加權變，與項羽同坐東向。按照上述的席「東鄉西鄉南方為上」的原則，此時項羽應該坐在那張席的右端，也就是奧之所在，項伯坐在左端，也就是靠近范增的位置。

我們試按照「鴻門宴」的位次去驗之文獻，都是相符的。例如《史記·魏其武安侯列傳》：「〔武安侯〕嘗召客飲，坐其兄蓋侯南鄉，自坐東鄉，以為漢相尊，不可以兄故（緣故）橈（曲，指不守規矩）。」看來田蚡對其兄長的胸懷還不如項羽。又《南越列傳》：「〔南越〕王、王太后亦恐〔呂〕嘉（南越國相）等先事發（指叛亂），乃置酒，介漢使者權謀誅嘉等。使者皆東向，太后南鄉，王北向，相嘉、大臣皆西向侍，坐飲。」這是把最尊的位置給了漢使，讓一向獨持國柄的呂嘉坐在卑位，多少帶點羞辱的意思。又《淮陰侯列傳》：「於是有縛廣武君而致戲（同麾）下者，〔韓〕信乃解其縛，東鄉坐，西鄉對，師事之。」與此相反，《絳侯周勃列傳》：「勃不好文學，每召諸生說士（遊說之士），東鄉坐而責之：『趣（同促。等於說快點）為我語！』」則周勃是以長者、尊者、教訓者自居了。

古人所立的一些規矩，一經被儒家吸收並被寫進經典，便都神秘化了。其實如果聯繫古人生活的環境、條件來考察，其中不少都是生活中的必然現象，是合理的。例如《禮記·曲禮上》規定：「將上堂，聲必揚；戶外有二屨，言聞則入，言不聞則不入。」「侍坐於長者，屨不上於堂。」上堂之前必先揚聲者，是讓室內的人有所準備，如果有人在私語，可以不被碰見。戶外有二屨言聞乃入，道理是一樣的，聽得

到室內的談話聲，説明室內二人沒有談機密事，便可以進去，否則便有竊聽之嫌，弄得雙方尷尬。履不上堂也是對的。孔穎達正義：「長者在堂而侍者履賤，故脱於階下，不著上堂；若長者在室則侍者得著履上堂，而不得入室。」其實履不上堂、入室，並不在於鞋的高貴與卑賤。鞋上帶着泥土，會使堂室地面不潔，人們席地而坐，衣服也會弄髒；再説堂上室內坐着許多人，身邊放着一堆鞋，總是不雅。正因為如此，所以在起居條件沒有徹底改變時，這個規矩一直被嚴格遵守。在第一編中我們曾經提到《史記·蕭相國世家》所記載的劉邦特准蕭何「帶劍、履上殿」事，這也説明在通常情況下是不能穿鞋上殿堂的。這種特賜的條例為後代帝王所沿用，如《資治通鑑》卷一八五：「春，丁未朔，隋恭帝詔唐王劍履上殿，贊拜不名（向皇帝行禮時不自稱名）。」這同樣也説明直至隋唐大臣上殿還是要脱履的。

（三）觀闕園林

| 闕 | 魏 | 象魏 | 魏闕 | 觀 | 列觀 |
| 台 | 榭 | 苑 | 囿 | 園林 | |

古代君王的宮廷本與一般住宅沒有本質的差別，隨着生產

水平的提高，二者的距離越來越大，最後不下於天地之別。至於整體的佈置格局，則始終相去不遠。作為宮廷所特有，可以說成為帝王居處標誌的，有觀闕、台、囿等。

觀闕是宮廷大門外的兩個高大建築物。叫闕，是因為它一左一右夾住宮廷的出入口，就像缺（闕）了一塊一樣。闕又名魏、象魏。魏的本義為高、大，與後來的巍字同義。顯然，稱闕為魏即取義於高大。象是法的意思，這是因為魏闕的功用之一為公佈法令、告示。魏闕氣勢雄偉，又便於站在上面瞭望守衛，所以又叫觀。《左傳·莊公二十一年》：「鄭伯享王於闕西辟（西偏，西側）。」《公羊傳·昭公二十五年》：「設兩觀，乘大輅（車名）……此天子之禮也。」《呂氏春秋·審為》：「身在江海之上，心居乎魏闕之下。」高誘注：「魏闕，象魏也。懸教象之法，浹日（十天）而收之。魏魏（巍巍）高大，故言魏闕。」沈約《上建闕表》：「宣詔匠人，建茲象闕。」

因為闕為最高統治者所專有，所以一說到闕，比如詣闕、闕下、戀闕等，闕都指朝廷或皇帝。例如《漢書·朱買臣傳》：「買臣隨上計吏（到京城報賬的財務人員）為卒，將重車至長安，詣闕上書。」韓愈《次鄧州界》：「潮陽南去倍長沙，戀闕那堪又憶家。」至於岳飛在《滿江紅》所寫「待從頭收拾舊山河，朝天闕」，不過是在闕字加上一個天字以示忠

肅，其實「天」與「闕」意思多少有點重複了。

　　觀字還有另外一個意思，即宮廷中獨立的宮殿。《史記·廉頗藺相如列傳》：「今臣至，大王見臣列觀。」列觀是一般的殿堂。漢代有名的白虎觀、東觀，也都是殿堂。《後漢書·章帝紀》：「於是下（指詔書下達）太常將大夫、博士、議郎、郎官及諸生諸儒，會白虎觀講議五經同異。」又《安帝紀》：「詔謁者劉珍及五經博士校定東觀五經、諸子傳記、百家藝術，整齊脫誤、是正文字。」殿堂之稱觀，也是由於它高大便於觀覽。《資治通鑑》卷一九四：「上（唐太宗）念後不已，於苑中作層觀，以望昭陵。」

　　歷代帝王還喜歡築高台。台均為土石堆積而成。《爾雅·釋宮》：「四方而高曰台。」《說文》：「觀四方而高者。」《說文》的解釋比《爾雅》多一個觀字，意思是觀與台同類，當中留有缺口就是觀，沒有缺口就是台。《淮南子·本經訓》：「崇台榭之隆。」高誘注：「積土高丈曰台。」有人據此認為「台之高不過一丈」（郝懿行《爾雅義疏》），其實是誤讀了高誘注，他的本意是：積土高到一丈就叫台，一丈只是起碼的高度。這是有大量文獻可以證明的。例如，《韓詩外傳》卷八：「齊景公使使於楚，楚王與之上九重之台，顧使者曰：『齊亦有台若此者乎？』」《晏子春秋·內篇諫下》：「景公登路寢之台，

不能終（爬到頂），而息於陛，忿然作色，不悦，曰：『孰為高台，病人之甚也？』」九重、「不能終」，絕不會只有一丈；楚王向齊使炫耀的，也不可能是一丈之台。《韓詩外傳》說台有九重，大致可信，別的書上也曾提到，如《老子》：「九層之台，起於累土。」當然「九」不見得就是實數，不過言其層數之多而已。台高而有多層，並不是一溜漫坡地堆上去，既是為了美觀，也是為了便於施工和攀登觀覽。

　　據說最初建台是為了「望氛祥」（從雲氣中看出吉凶）、「講軍實」（練武和檢閱軍隊）。《史記·孫子列傳》提到吳王闔閭曾從台上觀看孫武按軍法訓練宮女，雖然這已帶上遊戲的色彩，但從中不難窺到台在初期的修建目的。但在其他提到台的詩文中卻很少有提到觀氛講武的。實際上台一向是統治者遊樂嬉戲、為非作歹的場所。例如《左傳·宣公二年》說晉靈公「從台上彈人而觀其辟丸」。曹操一生是比較儉樸的，但在鄴城先作銅雀台，後又作金虎台、冰井台，以架空的複道相通，台上建樓閣，至其臨終，遺言云：「吾婢妾與伎人皆勤苦，使着（指定居）銅雀台，善待之。於台堂上安六尺床，施繐帳，朝晡上脯糒之屬，月旦（初一）、十五日，自朝至午，輒向帳中作伎樂。」死後的種種祭事常常是仿照生前的生活狀況，曹操死後需伎妾作樂，則其生前情形推而可知。

建台的工程量往往很大。例如吳王「起姑蘇之台，三年聚材，五年乃成，高見二百里」。這樣的高台都是百姓的無代價勞動完成的，因而給人民帶來極重的負擔和痛苦。據說齊景公築台，「歲寒不已，凍餒之者多有焉」；而姑蘇之台所帶來的後果是「行路之人道死巷哭，不絕嗟嘻之聲」(見《晏子春秋》、《吳越春秋》)。《史記·文帝本紀》載，漢文帝「嘗欲作露台，召匠計之，直百金」，他覺得花錢太多，於是打消了築台的念頭。像漢文帝這樣的最高統治者在封建社會是不多見的。

台頂上的建築物叫榭。這是一種木結構的建築物，只有柱、頂而沒有牆壁，很像後代的亭子。榭可以建成多種樣式，如《東京賦》：「諒(漢宮門名)門曲榭，邪阻城洫。」《楚辭·招魂》：「層台累榭臨高山些。」曲榭是沿着城牆與護城河的走向而建的曲折形榭；累榭即多層的榭。因為榭通常建在台上，所以台榭常常連言。如《左傳·哀公元年》：「夫差次(臨時駐紮)有台榭陂池焉，宿有妃嬙嬪御焉。」劉禹錫《楊柳枝詞》：「輕盈嫋娜占年華，舞榭妝台處處遮。」有時只說台，不言榭，其實台上也有榭。如《漢書·武帝紀》：「〔元鼎二年〕春，起柏梁台。」「太初元年十一月乙酉，柏梁台災(遭火災)。」服虔說：「用百頭梁作台。」顏師古說：「《三輔舊事》

云：『以香柏為之。』」不管柏梁台到底是怎樣得名的，既然「災」則必有木質建築，其中包括榭。

上古時君侯都有苑囿。《説文》：「苑，所以養禽獸也。」段玉裁注：「古謂之囿，漢謂之苑也。」《孟子·梁惠王下》：「齊宣王問曰：『文王之囿方七十里，有諸？』孟子對曰：『於傳有之。』」實際上秦代以前的苑囿都是天然動物園，不過是統治者所專用的遊獵玩樂之所，平民是不得入內的。

至秦，在渭水之南作上林苑，苑中建造許多離宮。漢武帝把上林苑進一步擴大。這時苑雖然還是天然飼養場，但已有不少人工成分。漢武帝時造建章宮，宮內挖太液池，池中堆山，正式開創了我國模仿自然的人工園林歷史。從此，歷代帝王將相豪紳巨富競相構築園林，誇富鬥奇，名園迭出。這一方面迅速地發展了我國的園林藝術，但同時也使歷代勞動人民加重了盤剝之苦。例如《漢書·梁冀傳》：

> 又廣開園囿，採土築山，十里九阪（坡）以象二殽
> （山名），深林絕澗，有若自然，奇禽馴獸，飛走其間。
> 冀、壽（冀之妻）共乘輦車，張羽蓋，飾以金銀，遊觀
> 第（宅第）內，多從倡伎，鳴鐘吹管，酣謳竟路，或繼
> 日夜，以騁娛恣。

而梁冀其人，則「四方調發，歲時貢獻，皆先輸（運送）上第於冀，乘輿（皇室）其次焉。吏人賣貨求官請罪者道路相望。冀又遣客出塞，交通外國，廣求異物，因行道路，發取伎女御者，而使人復乘勢橫暴，妻略婦女，毆擊吏卒，所在怨毒」。其園林為民脂民膏築成，顯而易見。又如《洛陽伽藍記》卷二載北魏大司農張倫的園林：

〔張〕倫最為豪侈，齋宇光麗，服玩精奇，車馬出入，逾於邦（國）君。園林山池之美，諸王莫及。倫造景陽山，有若自然。其中重岩複嶺，嶔崟（高山）相屬；深蹊（溪）洞壑，邐迤連接。高林巨樹，足使日月蔽虧；懸葛垂蘿，能令風煙出入。崎嶇石路，似壅而通；峥嵘澗道，盤行復直。

經過南北朝的動亂，漢魏以來名園毀蕩無遺。至隋、唐，園林發展更盛；繼之，宋、元、明、清，造園之風幾起幾落，園林的盛衰無不是社會安定與動亂、國力強盛與衰弱的反映。

第四編　車馬與交通

我國古代陸行的主要工具是車馬，水行的主要工具是木質的舟船。

車船最早出現於何時已無可考。根據文獻的記載和地下挖掘，有一點是可以斷定的：遠在商代之前車船就已經經過了一個很長的發展演進階段。

最初的車船一定是非常簡陋的。《淮南子‧説山訓》：「見竅（中空）木浮而知為舟，見飛蓬轉而知為車。」這前一句是好理解的，因為「刳（剖開挖空）木為舟」（《周易‧繫辭下》），也就是竅木浮；後一句並不可靠，飛蓬與車輪性質相差太遠，很難想像出古人是怎樣從飛蓬受到啟發的。但這一傳說突出了「輪」，可以推想，原始的車子只是藉助滾動減少物與地的摩擦力而已。《周禮‧考工記》：「凡察車之道，必自載於地者始也。是故察車自輪始。」這是自原始時代積累

下來的經驗：輪子是車最重要的部件，是車子的特徵所在，察看時應從輪子開始。因此古車字的形體突出了兩個輪子的形象。

在幾千年的封建社會中船的發展變化不大，水行工具的飛躍要靠機械動力的出現，在這以前只有量變。車的變化則較迅速，因為可以使用牲畜以代人，並由此產生多種用途。車子的發展大體是這樣的程序：人力→畜力→多種用途、多種形式。與此相應，道路設施也越來越發達完善。

下面我們就車與馬、車的部件和馬飾、戰車和步行等幾個問題分別敘述。舟船一項則從略。

（一）車與馬

車	馬	駟	驂	駢	兩牡
六驕	法駕	服馬	驂馬		

商周時期用於行路、狩獵和作戰的車一般是用馬牽引的。因此在先秦文獻中經常車、馬連言，說到馬就意味着有車，說到車也就包括着馬。例如《論語‧公冶長》：「子路曰：『願車馬衣輕裘，與朋友共，敝之而無憾。』」又《雍也》：「子曰：『赤（公西華）之適（往）齊也，乘肥馬，衣輕裘。』」乘肥馬，即乘肥壯之

馬所拉的車。又《憲問》:「桓公九合諸侯不以兵車,管仲之力也。」兵車,當然也是用馬拖的。

用馬駕車,可能經歷了用兩馬的階段,但從文獻上看,應該是以駕四馬為常。出土的車、馬也以四馬一車(「駟」)為多。例如《詩經》即多次描寫四牡(公馬)駕車的情況:

> 《小雅·采薇》:戎車既駕,四牡業業。(戎車:兵車。詳下。業業:壯健的樣子。)
>
> 《大雅·烝民》:四牡彭彭,八鸞鏘鏘。(彭彭:有威儀的樣子。鸞:車鈴。詳下。)
>
> 《鄭風·清人》:清人在彭,駟介旁旁。(彭:邑名。介:馬所披的甲。旁旁:同彭彭。)

駕四馬叫駟,駕三馬叫驂,駕兩馬叫駢:

> 《小雅·采菽》:載驂載駟,君子所屆。(載:始。所屆:指車服的最高標準。)
>
> 嵇康《琴賦》:「雙美並進,駢馳翼驅。」(雙美:指和聲的兩音。翼:像翅膀那樣。)

駢字當駕兩馬講，不見於先秦典籍，這說明當時駕兩馬的時候很少。但是這絕不是說根本沒有兩馬的車。《左傳‧哀公十七年》：「大（太）子請使良夫，良夫乘衷甸，兩牡。」衷甸為一根車轅的車。兩牡，指用兩匹公馬拉，這是諸侯的卿平時所乘的車。說兩牡而不說駢，是當時還沒產生專用名詞。《漢書‧平帝紀》：「四輔、公卿、大夫、博士、郎、吏，家屬皆以禮娶，親迎立軺（小車）並馬。」並即駢。

據說夏代以六馬拉車（見《荀子》、《公羊傳》、《白虎通》），但無實物證明。大約到漢代，才出現了六匹馬拉的車，只有天子才能享用。這大概是仿古的結果而並不是從車馬的實際應用考慮的。《史記‧袁盎列傳》：「文帝從霸陵上，欲西馳下峻阪。袁盎騎，並車攬轡。上曰：『將軍怯邪？』盎曰：『臣聞千金之子坐不垂堂（有錢人不坐在堂邊，怕瓦掉下來。垂：邊），百金之子不騎衡（樓欄桿），聖主不乘危而徼（同僥）幸。今陛下騁六騑，馳下峻山，如有馬驚車敗，陛下縱自輕，奈高廟、太后何？』上乃止。」騑有時指駕在兩邊的馬，這裡的六騑則是指六匹並駕齊驅的馬。又《呂后本紀》：「乃奉天子法駕迎代王（即文帝）於邸。」法駕為天子所乘車的一種，應駕六馬，文帝在霸陵所乘的也就是法駕。在春秋時代，乘六馬還是非禮的。第一編中所引的《晏子春

秋‧內篇雜上》寫齊景公「被髮，乘六馬，御婦人，以出正閨」
而遭刖跪批評，原因之一就是駕了六匹馬。但是實際上並不
如此嚴格。《列子‧周穆王》：「〔王〕命駕八駿之乘。」周穆
王是天子，卻用八馬。《晏子春秋‧內篇諫上》載翟王子羨
給齊景公表演一車駕十六馬，晏子說：「夫駕八，固非制也，
今又重（雙倍）此，其為非制也，不滋甚乎？且君苟美樂之，
國必眾為之，田獵則不便，道行致遠則不可，然而用馬數倍，
此非御下之道也。」所謂用馬數倍即按一車四馬計算的。在
當時製車、道路等條件限制下，四馬為最實用。

　　古代的馬車只有一根轅，駕轅的一般是兩匹馬，叫服
馬，兩旁的馬叫驂馬。《詩經‧鄭風‧叔於田》：「叔適野，
巷無服馬。豈無服馬？不如叔也，洵（實在）美且武。」又《大
叔於田》：「執轡如組，兩驂如舞。」兩驂加兩服，大叔所駕
為駟。驂馬類似現在牲口車的「長套」，馬不用轅駕馭，而用
皮條與車體相連。《左傳‧成公二年》寫齊頃公所乘的車被
晉國的韓厥追趕，「將及華泉，驂絓（同掛）於木而止」。這
就是因為驂馬在外，駕馬的皮條較長而外露的緣故。

　　古人在室外尚左，所以如果需要解下馬來另作他用就解
左驂，這是對別人的尊重。《左傳‧僖公三十三年》：「公使
陽處父（晉大夫）追之（指被晉俘獲又釋放的秦大夫），及諸

河，〔秦人〕則在舟中矣，〔陽處父〕釋左驂以公命贈孟明（秦大夫）。」《史記·管晏列傳》：「越石父賢，在縲紲（指牢獄）中。晏子出，遭之途，解左驂贖之，載歸。」這是對國家法令的尊重。《史記·司馬穰苴列傳》：「〔齊〕景公遣使者持節赦賈（莊賈，齊景公寵臣，因遲到被司馬穰苴斬了），馳入軍中。穰苴曰：『將在軍，君令有所不受。』問軍正曰：『馳三軍法何？』正曰：『當斬。』使者大懼。穰苴曰：『君之使不可殺之。』乃斬其僕（趕車人）、車之左駙（同軵。夾車木）、馬之左驂以徇三軍。」這是對軍法的尊重。《韓非子·外儲説左上》：「〔晉文公〕解左驂而盟於河。」這是為了殺馬以盟，用左驂是對河神的尊重。古代駕車的馭手在車廂的正中或左邊，釋左驂也比較方便，不妨礙繼續駕馭。

因為以四馬為常，所以古人常以駟為單位計數車馬。《論語·季氏》説「齊景公有馬千駟」，這不只是説他有四千匹馬，也指他有一千輛車。一車為一乘，説到多少乘也就意味着多少組與之相應的馬。《國語·晉語》：「秦後子來仕，其車千乘；楚公子干來仕，其車五乘。」千乘言後子富有，五乘言公子干貧窮。《左傳·僖公二十三年》載，晉文公為公子時出亡在外，「及齊，齊桓公妻之，有馬二十乘，公子安之」。有二十套車也就有了相應的其他財富，因此他安於齊而不想

奮鬥了。又《襄公二十二年》:「楚觀起有寵於令尹子南,未益祿,而有馬數十乘,楚人患之,王將討焉。」由於同樣的理由,楚人從觀起無緣無故擁有大量車馬而感到了子南把持國柄培植個人勢力的威脅。乘既然常與「四」這個數字相連,所以也就可以作為計數之詞。《左傳‧僖公三十三年》寫秦軍打算偷襲鄭國,中途遇到鄭國商人弦高,為了讓秦軍產生鄭已有備的錯覺,弦高「以乘韋先,牛十二犒師」。乘韋,即四張熟牛皮。

古代的達官貴人都要乘車。《漢書‧董仲舒傳》:「乘車者,君子之位也;負擔者(背、挑重物),小人之事也。」《晏子春秋‧內篇諫上》:「景公有男五人,所使傅之者皆有車百乘者也,晏子其一焉。」有車百乘即大夫之家。同篇中還有晏子的一句話:「有車之家,是一國之權臣也。」車,已經成為等級制度的一個部分,因此歷代帝王都要對車服品級制度作出規定,任何人不得僭越。另一方面,該乘車而不乘也是為禮制和社會輿論所不允許的。《論語‧先進》:「顏淵(孔子最得意的學生)死,顏路(顏淵之父)請子之車以為之椁(外棺)。子曰:『才不才,亦各言其子也。鯉(孔子的兒子)也死,有棺而無椁,吾不徒行以為之椁。以吾從大夫之後,不可徒行也。』」「從大夫之後」是謙辭,孔子這時正作魯大

夫，大夫就必須乘車。《史記·范睢蔡澤列傳》:「范睢曰:
『……睢請為見君於張君（張祿，范睢自己的化名）。』須賈
曰:『吾馬病，車軸折，非大車駟馬，吾固不出。』范睢曰:
『願為君借大車駟馬於主人翁。』」「固不出」即「當然不能出
門」，不是須賈的雙足不肯沾地，而是身份的限制，他這位魏
國的大使不能丟魏國的面子。

(二) 車的部件和馬飾

1. 車的部件

輿	輢	軾	軫	綏	輈
衡	軛	輗	軏	鞧	
轂	輻	軸	轊	害	轄
輹	伏兔	軌	轍		

車廂叫輿。輿的左右兩邊立木板或欄桿可以憑倚，叫輢。前邊的橫木可以手扶，叫式，通常寫作軾。行車途中對所遇見的人表示敬意就扶軾低頭，這個動作也叫軾。《論語·鄉黨》:「見冕者與瞽者（盲人）雖褻（熟悉）必以貌（以表情致禮），凶服者式之，式負版者（版:指國家檔案）。」《禮記·檀弓下》:「孔子過泰山側，有婦人哭於墓者而哀，夫子式而聽之。」再進一步，對所尊敬的人所居住的地方也要軾，《史記·魏世家》:「﹝魏

文侯〕客段干木，過其閭（里巷的大門），未嘗不軾也。」《禮記·曲禮上》：「式路馬。」路馬是天子的馬的專稱。敬君兼及其牲畜，未免太過分了。《萬石君列傳》：「過宮門闕，萬石君必下車趨，見路馬必式焉。」萬石君以敬慎事上著稱，但見到主子的馬而「式」，被作為恭謹過人的例證寫出來，說明別的臣子並不都按《曲禮》的話去做。

興後邊的橫板或欄桿叫軨。《左傳·昭公二十一年》：「張丐抽殳（撞擊用的兵器）而下，〔公子城〕射之，折股。〔張丐〕扶伏（同匍匐）而擊之，折軨（公子城的車軨），又射之，死。」《史記·龜策列傳》：「〔紂〕頭懸車軨，四馬曳行。」古人從車的後部上車，因此軨留有缺口，為登車處。《戰國策·趙策》：「媼（老婦人，指趙威后）之送燕后也，持其踵而為之泣。」母親站在車下，從軨向車興前伸臂，只能握到女兒的足踵，這是車子就要離開時一瞬間的情景。

車興中有一根固定的繩供上車時拉手用，叫綏。《論語·鄉黨》：「升車必正立執綏。」《韓詩外傳》卷二：「晏子起而出，援（拉）綏而乘。」《禮記·檀弓上》：「魯莊公及宋人戰於乘丘，縣賁父御，卜國為右，馬驚敗績（指車子顛覆），公隊（墜），佐車（副車）授綏。」不用綏或拉不好，就會出危險。

　　車轅又叫輈，為一根稍曲的木槓（也有用直木的）。《左傳·隱公十一年》：「鄭伯將伐許，五月甲辰，授兵於大宮（在祖廟舉行分發武器的儀式）。公孫閼與潁考叔爭車，潁考叔挾輈以走。」

　　轅的後端連在車軸上，前端拴着一根橫木，叫衡。衡上再加軛，卡在馬頸上。軛是個叉形的木枝，稍稍外曲。（有人認為衡、軛是一個東西，只是命名的角度不同：從其橫於前來說為衡，從其扼頸而言為軛。）《論語·衛靈公》：「立，則見其（指忠信）參於前也；在輿，則見其倚於衡也。」《淮南子·說山訓》：「剝牛皮鞹（去毛）以為鼓，正三軍之眾。然為牛計者不若服於軛也。」《後漢書·列女傳》：「〔董〕卓乃引車庭中，以其頭懸軛，鞭撲交下，〔皇甫規〕妻謂持杖者曰：『何不重乎？速盡為惠。』遂死車下。」曹植《贈白馬王彪》：「鴟梟鳴衡軛，豺狼當路衢。」軛又寫作扼。《莊子·馬蹄》：「夫加之（馬）以衡扼，齊之以月題（馬額上圓形飾物）。」衡與轅相連接靠的是銷子，古代叫輗（大車上用的）、軏（小車上用的）。《論語·為政》：「大車無輗，小車無軏，其何以行之哉！」軛岔開的兩支曲木叫軥。《左傳·襄公十四年》寫衛國內亂，庾公差、尹公佗追趕衛侯，他們的師傅公孫丁給衛侯趕車，「子魚（庾公差）曰：『射，為背

師；不射，為戮。射為禮乎？』射兩軥而還。」古「禮」，射不求中，他射軥而不中人、馬，既合古禮，又未違背追殺衛侯的命令，而以軥之微細又緊貼馬頸，又足以顯示其技術之高超。

現在説到車的運轉部分。

車輪的輻條一般為三十根。《老子》：「三十輻共一轂。」轂是車輪中心有孔的圓木，用以貫軸。《左傳·定公九年》：「齊侯執陽虎（即魯國季氏家臣陽貨），將東之。陽虎願東，乃囚諸西鄙，盡借邑人之車，鍥（刻）其軸，麻約而歸之。」陽虎想逃到晉國去，故意表示願意被關押在東邊，齊侯把他放到相反的方向，不料正中詭計。他要逃，怕邑人追趕，所以把車軸都刻壞，這又是一計。《史記·蘇秦列傳》：「臨淄之途，車轂擊，人肩摩，連衽成帷，舉袂成幕。」因為車轂外露，而且古代車軸露在轂外的部分很長，所以用「車轂擊」形容路上車輛之多。這種施軸的方法有時很礙事。《史記·田單列傳》：「燕師長驅平齊，而田單走安平，令宗人盡斬其車軸末而傅鐵籠。已而燕軍攻安平，城壞，齊人走，爭途，以轊（套在車軸外露部分上的金屬套，在這裡即指軸端）折車敗，為燕所虜，惟田單宗人以鐵籠故得脱。」轊又寫作軎，正是車軸一端突出的形象。車輪貫在軸端上後，為防止

脱落，要用轄插在轊、軸中。轄是可以拔下來的，沒有了轄車就不能行駛。過去北方的木輪大車仍用此物。《孔叢子》卷一：「夫子適齊，晏子就館（到客舍去看望孔子）……曰：『齊其危矣，譬若載無轄之車以臨千仞之谷，其不顛復亦難冀（希望）也。」《漢書·陳遵傳》：「每大飲，賓客滿堂，輒關門，取客車轄投井中，雖有急，終不得去。」

車軸橫在輿下，固定的方法是在輿的底部安上兩塊木頭，把軸用繩索綁在上面。因其形狀像趴着的兔子，所以叫伏兔，又叫輹。《左傳·僖公十五年》：「車說（脱）其輹，火焚其旗，不利行師」。脱輹則輿、輪分離，所以說「不利」。

兩輪之間的距離為軌。《禮記·中庸》：「今天下車同軌，書同文。」車軌相同則車轍也等寬，車同軌實際是公路標準化的一個措施，這在都是土路面的時代尤為重要。引申之，車轍也叫軌。《孟子·盡心下》：「城門之軌，兩馬之力與？」意思是說城門中石頭路面上壓出的車轍溝是由於往來車多慢慢形成的，不是駕車的兩馬的力量所致。曹植《贈白馬王彪》：「中逵絕無軌，改轍登高崗。」這是說由於霖雨泥濘前面的路無法通行，於是改道。下句說轍，上句說軌，轍軌同義，為避重而換用。

2. 車的附件

經常在古代詩文中出現的有：

蓋	冠蓋	傾蓋	黃屋	軔
輔	輅	茵	帷	裳 縵

蓋。這是由一根木柱支撐的傘形物，立於輿上。《史記・商君列傳》：「五羖大夫之相秦也，勞不坐乘，暑不張蓋，行於國中。」可見蓋的主要功用是遮陽避雨。車上立蓋，這是有了一定地位、財富的人享用的。《漢書・循吏傳》：「其以賢良高第揚州刺史霸為潁川太守，秩比二千石，居官賜車蓋，特高一丈。別駕、主簿車緹油屏泥於軾前，以章（同彰）有德。」《漢書・王嘉傳》：「嘉遂裝出，見使者再拜受詔，乘吏小車，去蓋不冠，隨使者詣廷尉。」王嘉是丞相，有了罪則去蓋，與晏子正成對照。這樣，蓋無形中成了一定地位的標誌，例如說「冠蓋」即代表士大夫。班固《西都賦》：「冠蓋如雲，七相五公。」「傾蓋」被用以形容途中相遇親切談話，也是指有地位者。鄒陽《獄中上梁王書》：「白頭如新，傾蓋如故。」皇帝的車蓋有特別的質料和形制，叫「黃屋」。《漢書・賈誼傳》：「〔諸王〕擅爵人，赦死罪，甚者或戴黃屋。」王者用黃屋，是僭越。

軔。古代的車沒有制動裝置，為防止車輪自己滑動，停車後用木頭阻礙車輪，這木頭就叫軔。《離騷》：「朝發軔於蒼

梧天津（天河的渡口）兮，夕余至於西極（西方的盡頭）。」所
以後代以發軔為出發、啟程。進而凡以物阻擋車輪的滾動也
叫軔。《後漢書·申屠剛傳》：「光武（劉秀）嘗欲出遊，剛以
隴蜀未平，不宜宴安逸豫，諫不見聽，遂以頭軔乘輿輪，帝
遂為止。」現在在車輪前墊塊石、木以防車動，蓋即古代的軔。

　　輔。這是車輪外邊另加上夾轂的兩根直木，為的是增強
輪子的承重能力。《詩經·小雅·正月》：「無棄爾輔，員（增
益）於爾輻。」《呂氏春秋·權勳》：「宮之奇曰：『……虞之與
虢也，若車之輔也，車依輔，輔亦依車。』」《左傳·僖公五年》
記載此事云：「諺所謂『輔車相依，唇亡齒寒』者，其虞、虢
之謂也。」因人之面頰與牙床的關係與輔、車的關係近似，
所以又稱面頰為頰輔，對《呂氏春秋》和《左傳》中此處所説
的輔、車，一般也理解為説的是面頰與牙床（車）。

　　輅。這是綁在車衡上以備人牽挽的橫木。《史記·劉
敬列傳》：「婁敬（即劉敬，劉為漢高祖所賜姓）脱輓（同挽）
輅，衣其羊裘，見齊人虞將軍曰：『臣願見上言便事。』」輅
又是一種車子的名稱。《論語·衛靈公》：「顏淵問為邦（治
國的辦法），子曰：『行夏之時（曆法），乘殷之輅，服周之
冕……』」在這個意義上輅又寫作路。《詩經·小雅·采菽》：
「君子來朝，何錫（同賜）予之？雖無予之，路車乘馬。」

　　車輿中可以鋪席，車席叫茵。《詩經‧秦風‧小戎》：「文茵暢轂（等於說長轂），駕我騏馵（後左足色白的馬）。」茵後來也泛指一般的席墊。《孔子家語‧致思》：「從車百乘，積粟萬鐘，累茵而坐，列鼎而食。」

　　車輿的四周可以施帷，據說在上古是婦人之車。《詩經‧衞風‧氓》：「淇水湯湯，漸（浸潤）車帷裳。」裳是車帷下垂的部分，因像人之下裳，故名。後代的車圍子就是古代的車帷。後來車蓋被取消，帷加了頂，就叫幔（又寫作幔），又叫幰，很像後代的車棚。《南齊書‧魏虜傳》：「虜主及后妃常行，乘銀鏤羊車，不施帷幔，皆偏坐，垂腳轅中。」

3. 馬飾

| 鞶 | 靷 | 鞅 | 靽 | 靳 | 勒 | 銜 | 鑣 |

　　古人講究馬身上的飾物。馬飾與駕馭用的馬具不可分，多數就是在馬具上加上金屬或玉石的飾片。例如《左傳‧僖公二十八年》：「晉車七百乘，鞶、靷、鞅、靽。」這就是因為兩千八百匹馬的馭具整齊鮮明，因而連用這四個名詞以顯現晉軍軍容的肅整。鞶是馬腹帶。靷是引車的皮帶。《左傳‧哀公二年》：「郵良（即古代有名的御手王良）曰：『我兩靷將絕，吾能止之（使靷暫時不斷）。我，

御之上也。』」孔穎達正義:「古之駕四馬者,服馬夾轅,其
頸負軛;兩驂在旁,挽靷助之。」那麼靷就是今天的「長套」。
鞅是套在馬頸上的皮帶,鞦是套在馬臀部的皮帶。另有靳,
是服馬當胸的皮帶。《左傳·定公九年》:「猛曰:『我先登(指
登上晉國夷儀城)。』書(書與猛都是齊人)斂甲(指站起身
準備打架)曰:『曩者之難(等於說作對),今又難焉!』猛笑
曰:『吾從子,如驂之靳。』」古代駕車驂馬略後於服馬,驂
馬之首與服馬胸齊,「如驂之靳」即如驂馬隨着服馬的胸前皮
帶而前進。杜預注:「靳,車中馬也。」則是以靳借代服馬。

　　勒是整套的籠頭。其中馬所含的「嚼口」叫銜(銜、含古
代音義相同)。馬韁繩叫轡。《孔子家語·執轡》:「夫德法者,
御民之具,猶御馬之有銜勒也。」《漢書·匈奴傳》:「單于正
月朝天子於甘泉宮,漢寵以殊禮⋯⋯賜以冠帶衣裳⋯⋯鞍勒
之具。」

(三) 乘車的禮俗

1. 立乘與馭馬

立乘	執轡	分轡	并轡
如組	策	鞭	御	範

上古乘車是站着的。
《禮記·曲禮上》:「婦人不立
乘。」可見男子一般都立乘。

乘車的位置是輿的前部、軾木之後。御車者把轡匯總分握在兩手中。《禮記‧曲禮上》：「執策分轡，驅之五步而立（試行）。君出就車，則僕并轡授綏。」可見趕馬行進時轡是分在兩手持握的，如果一隻手要幹別的事，轡繩即併於另一隻手。《詩經‧鄭風‧大叔於田》：「執轡如組，兩驂如舞。」組是編織成的多股絲繩，「如組」，即轡索雖多而在御者手中就像一根組繩，用力均勻，因而兩邊的驂馬跑起來才能如舞，極為協調。古代每馬兩轡，兩匹驂馬的內側轡繩繫在軾前，這樣御者共握六轡，「分轡」，則每手三根。古代繩組多為三股，所謂「如組」是很精確的。《詩經‧秦風‧駟驖（赤黑色的馬）》：「駟驖孔阜（很大），六轡在手。」又《小雅‧皇皇者華》：「我馬維駰（淺黑帶白色的馬），六轡既均。」均是說用力均勻協調。《左傳‧成公二年》寫晉主帥郤克受傷，無法擊鼓指揮，於是其御者解張「左并轡，右援枹（鼓槌）而鼓」。六轡合在一手還要四馬協力疾奔，轡雖不再「如組」，但仍要極高的技術。

趕馬的竹杖叫策，皮條的叫鞭。《左傳‧文公十三年》：「〔晉大夫士會〕乃行，繞朝（秦大夫）贈之以策，曰：『子無謂秦無人，吾謀適不用也。』」繞朝即藉趕馬之策與計謀之策同音表示自己是識破了士會的計策的。又《宣公十五年》：

「古人有言曰:『雖鞭之長,不及馬腹。』」今語「鞭策」即由
抽打馬而變為指對人的鼓勵。鞭、策都是御者所執,而御者
是乘車者的臣下,因而「執鞭」一語即指服從他人、為其驅
使。《史記·管晏列傳》:「假令晏子而在,余雖為之執鞭,
所忻(同欣)慕焉。」

　　古人十分重視馭馬的技術。在孔子的教學體系中設有
「御」這一科。《左傳》記述戰爭,總要交待交戰雙方主將的
御手是誰和是怎樣選定的。這在以車為交通、作戰的主要工
具,而路面、車體的條件都還較原始的時代是極必要的。古
書中有很多關於駕車高手的記載,其技術之高超的確達到了
驚人的地步。例如《淮南子·覽冥訓》:

　　　昔者王良、造父之御也,上車攝轡,馬為整齊而
　　斂諧,投足調均,勞逸若一,心怡氣和,體便輕畢,
　　安勞樂進,馳鶩若滅,左右(驂馬)若鞭(像挨了鞭子
　　一樣用力),周旋若環。

造父為戰國時期趙國的祖先,傳說他曾為周穆王趕車會到西
王母,又曾「日馳千里馬」使周穆王趕回平定叛亂(見《史記·
趙世家》)。王良是春秋時期晉國的大夫。從《淮南子》的描

述看，他們二人趕車主要靠彎繩，而不是靠鞭打。上文提到
《左傳‧哀公二年》所載王良的故事，驂馬的長套就要斷了，
但他能使之不斷，一直到戰爭結束。然後，他「駕而乘材，
兩靷皆絕」。他讓車子碾過橫在地上的細木頭，驂馬稍一用
力靷就斷了。這正是「整齊」、「斂諧」、「投足調均」的具體
體現：打仗時驂馬用力極為均衡，與服馬極為諧調。《孟子‧
滕文公下》所載則是駕車打獵的情形：

　　　　趙簡子使王良與嬖奚（簡子的幸臣）乘，終日不
　　獲一禽。嬖奚反命（向簡子復命），曰：「〔王良〕天下
　　之賤工也。」或以告王良，良曰：「請復之（再來一
　　次）。」強而後可。一朝而獲十禽。嬖奚反命曰：「天
　　下之良工也。」簡子曰：「我使〔王良〕掌與女乘。」
　　謂王良，良不可，曰：「吾為之範我馳驅，終日不獲
　　一；為之詭遇，一朝而獲十。《詩》云：『不失其馳，
　　捨矢如破。』我不貫（同慣）與小人乘，請辭。」

所謂「範」即法度。射御的規矩是追趕時車不能越過獸，而
要在獸的左後方與獸平行奔馳，箭從獸小腹左側射入，穿過
心臟，達到右肩。這樣射中的獸，血很快流盡，其肉潔美，

被稱為「上殺」，用於祭祀。若未穿心臟而達於右耳，為「次殺」，用於招待賓客。如果箭從臀部射入達到右肋，為「下殺」，只能供自己食用。王良開始按照這個要求駕車，嬖奚一隻獸也射不到，因為他的射技不精，而且不懂法度。所謂「詭遇」，即怪異地設法遇上獵物，也就是不按法度地胡亂馳騁追逐，射法也就亂來，這在當時是君子所不為的，所以稱嬖奚為小人。

　　從以上點滴的介紹可以看出，古人對御車有一整套嚴格的要求，這還不包括上車、執轡、站立的姿勢等。這些要求中的大部分，是人民在狩獵、作戰、旅行過程中逐漸積累起來的要領，目的是為保證車的速度、安全和效率。古代的統治者還從馭馬的方法中悟出了對人民的統治術。例如《呂氏春秋‧審分》：「王良之所以使馬者，約審之以控其轡，而四馬莫敢不盡力。有道之主其所以使群臣者亦有轡。其轡何如？正名、審分（職守）是治之轡已。」《韓詩外傳》卷三：「昔者先王使民以禮，譬之如御也。刑者，鞭策也。今猶無轡銜而鞭策以御也。」又《孔叢子》卷二：「以禮齊民，譬之於御，則轡也；以刑齊民，譬之於御，則鞭也。執轡於此而動於彼，御之良也；無轡而用策，則馬失道矣。」這些比喻體現的都是儒家以禮治民的思想，雖然反對只以酷烈的刑罰進行統

治，但把民比做馬牛卻是與其他治民學說無別的。

2. 乘車位次

尊左　中御　車右　驂乘

古代乘車一般是一車三人。三人的位次是：尊者在左，御者在中，車右在右。如果車中尊者是國君或主帥，則居於當中，御者在左。《左傳·成公二年》寫在鞌之戰中韓厥夢見他父親告訴他：打仗的時候要躲開車輿的左邊和右邊，所以第二天交戰時他就「中御而從齊侯」。《左傳》之所以特別記述這件事，是因為韓厥本應在左。在這場戰鬥中晉國的郤克是主帥，應該站在中間，也就是在御者之右，所以當他傷勢加重後其御解張要「左」并轡，「右」援枹，枹原本在郤克手裡，也就是在解張的右邊。《史記·信陵君列傳》寫信陵君「從車騎，虛左，自迎夷門侯生。侯生攝敝衣冠，直上載公子上坐」。上坐，即車之左。

車右又叫驂乘，任務是執戈禦敵，車遇險阻時下去排除障礙、推車。車右都是勇而有力的人。《史記·商君列傳》：「君之出也，後車十數，從車載甲，多力而駢脅者為驂乘。」駢脅，即胸大肌、肋間肌、背闊肌特別發達，就像連到一起了。鞌之戰中鄭丘緩為郤克的車右，所以他說：「自始合（交

戰），苟有險，余必下推車。」逢丑父是齊侯的車右，但他的
臂被蛇咬傷了，所以當齊侯的驂馬皮帶被樹掛住後他「不能
推車而及（被韓厥趕上）」。車右也就是在中尊者的衛士，因
而當眼看齊侯將要被俘時，「逢丑父與公易位」，冒充齊侯。
這既是他的職責，也是對「不能推車」這一失職過錯的彌補。
韓厥真的把他當做齊侯俘虜了去，他對晉人說自己是「代君
任患」，這話並不十分老實。也正是因為車右有保衛尊者的
任務，所以趙盾的車右要把趙盾從晉靈公「伏甲將攻之」的
危險處境中救出，而自己以身殉職；在「鴻門宴」中當樊噲
聽說劉邦生命受到威脅時說「臣請入，與之同命」，並衝進營
門，也是在履行職責。

3. 超乘

超乘　免胄　垂櫜　韔載

　　　　　　　　上文談到「超乘」的禮
節。超即跳，為了表示對車
所路過處主人的敬意，車上站在左右兩側的人在車行進時跳
下，隨後又跳上去。這需要高超的技術和勇氣，因此又是示
勇的方式。《左傳·昭公元年》：「鄭徐吾犯之妹美，公孫楚
聘之矣，公孫黑又使強委禽（等於說彩禮）焉。犯懼，告子
產。子產曰：『是國無政，非子之患也。惟〔女〕所欲與？』

犯請於二子，請使女擇焉。皆許之。子晳（公孫黑）盛飾入，布幣（見面禮）而出，子南戎服（軍服）入，左右射，超乘而出。女自房觀之，曰：『子晳信美矣，抑子南，夫也。』」公孫楚以超乘博得了美麗女子的歡心，就是因為超乘容易體現戎士的壯勇。又《僖公三十三年》：「秦師過周北門，左右免冑而下，超乘者三百乘。王孫滿尚幼，觀之，言於王曰：『秦師輕而無禮……』」為甚麼秦師行超乘之禮而被認為「無禮」？《呂氏春秋·悔過》載此事云：「師行過周，王孫滿要門而窺之，曰：『……過天子之城，宜櫜甲（把鎧甲裝進袋子）束兵，左右皆下。』」現在只免冑、超乘，不但不合乎「禮」，而且有示勇的用意，當然是對周天子的不敬。其實，兵車來到別人的都城都應該收起武器，以示無意構成威脅。又《昭公元年》：「楚公子圍聘（諸侯間的相互聘問）於鄭，且娶於公孫段氏，武舉為介（副使）。……武舉知其有備也，請垂櫜（盛衣甲弓箭的袋）而入，許之。」垂櫜，即表示沒有挾帶兵器。《國語·齊語》：「諸侯之使，垂櫜而入，稇（同捆）載而歸。」稇載即車上裝滿東西，為主人所贈；垂櫜，即表示一無所有，以襯托帶走的禮品豐足，也是表示友好，絕不搞特洛伊木馬計那一套。諸侯之間如此，對於名為天子的周王就更應如此了，秦師的輕而無禮實際是藐視周王朝的表現。《史記·萬

石君列傳》：「〔衛〕綰以戲車為郎。」應劭説：「能左右超乘也。」超乘被稱為戲，並因這種技術而為郎，説明漢代因以騎、步兵為作戰主力，當年車戰的技術已經淪為雜技一流了。

（四）車的種類

牛車	羊車	棧車	輶車
安車	溫車	傳車	輦

1. 牛車、羊車

自古也有牛車。《周易·繫辭下》：「服牛乘馬，引重致遠，以利天下。」牛能負重耐勞，但速度慢，所以牛車多用以載物。《漢書·兒寬傳》：「民聞〔寬〕當免（免官），皆恐失之，大家牛車，小家擔負，輸租繈屬不絕。」在馬車受重視的時代，牛車即被認為是「賤」的。《漢書·遊俠傳》：「〔朱家〕家亡（無）餘財，衣不兼采，食不重味，乘不過軥牛（小牛）。」《史記·酷吏列傳》：「〔張〕湯死……昆弟（兄弟）諸子欲厚葬湯，湯母曰：『湯為天子大臣，被污惡言而死，何厚葬乎？』載以牛車，有棺無槨。」牛車送柩是其薄葬的一項。《漢書·食貨志》：「〔漢初〕自天子不能具醇駟（即四馬同色），而將相或乘牛車。」這是因為建國伊始，講究不得。而東漢之末天下大亂，經濟更為凋敝，於是連天子也無馬車可乘。《三國

志‧魏志‧董卓傳》：「〔楊〕奉、〔韓〕暹等遂以天子都安邑，
御乘牛車。」

　　但是魏晉以後坐牛車卻變得時髦了。這大概是因為牛較
安穩保險，對於養尊處優恬淡輕閒的士族階層更為合適，同
時也與後來政治文化中心移至江南，而江南牛多馬少有關。
《南齊書‧陳顯達傳》：「家既豪富，諸子與王敬則諸兒並精
車牛、麗服飾。當世快牛稱張世子青、王三郎烏、呂文顯
折角、江曇雲白鼻。」當時連皇宮裡也養牛。這種情況就跟
清末一些人家講究好騾子、現在講究名牌摩托車、汽車一
樣。這種乘牛車的習慣直至南宋還可看到。《老學庵筆記》
卷二：「成都諸名族婦女，出入皆乘犢牛。惟城北郭氏車最
鮮美，為一城之冠，謂之郭家車子。」牛車既為婦女所專用，
陸游又以為新奇而予以記錄，可見當時乘牛車的已不多了。

　　古代還以羊拉車。《周禮‧考工記‧車人》曾提到羊車，
據學者考證，那只是較小的車，並非真用羊拉。漢魏以後才
有真正的羊車。《晉書‧胡貴嬪傳》：「武帝掖庭（後宮）並寵
者眾，帝莫知所適。常乘羊車，恣其所之，至，便宴寢。宮
人乃取竹葉插戶，以鹽汁灑地而引羊車。」（竹葉、鹽都是羊
愛吃的，羊至門口貪吃就不走了。）《南齊書‧魏虜傳》：「虜
主及后妃常行，乘銀鏤羊車，不施帷幔，皆偏坐垂腳轅中。」

羊車的實用價值不大，因而歷來為帝王消遣淫樂的工具。

2. 棧車、輬車、安車、溫車、傳車、輦

　　車子因質料、用途的不同而有許多種。常見的有：

　　棧車。棧又寫作輚。這是以木條編輿的輕便車。《詩經・
小雅・何草不黃》：「有棧之車，行彼之道。」《左傳・成公
二年》：「丑父寢於輚中，蛇出於其下，以肱擊之，傷，而
匿之。」因為車廂為木條所編，有空隙，所以蛇才能出於其
「下」。又由於棧車似碎材所拼，所以又叫柴車。《史記・楚
世家》：「蓽露藍縷，以處草莽。」服虔說：「蓽露，柴車，素
（不加漆飾）大輅也。」《列子・力命》：「北宮子既歸……乘
其篳路，若文軒之飾。」棧車是較簡陋的，因此上面三例都
用以說明生活的艱苦樸素。《漢書・王莽傳》：「唐尊曰：『國
虛民貧，咎在奢泰。』乃身短衣小袖，乘牝（母馬）柴車，藉
槀（鋪草席），瓦器。」則以乘柴車作為反對奢侈的手段。

　　輬車。即有帷幔的車子，多用於載物，帷幔可以遮蔽風
雨，防止貨物損害，人也可以在裡面寢臥。《史記・孫子列
傳》：「於是乃以田忌為將，而孫子為師，居輬車中，坐為計
謀。」孫臏受過臏刑，所以「坐」着指揮，居輬車中既便於休
息，也便於進攻大梁時保密。《漢書・張敞傳》：「禮，君母

出門則乘輜軿。」輜軿也就是輜車。「重車」其實也是輜車。《漢書‧朱買臣傳》：「後數歲，買臣隨上計吏為卒，將重車至長安。」若說「輜重」，則指輜車中所載的重物。《老子》：「聖人終日行不離輜重。」這是以輜重指行路所帶的日常生活用品。《三國志‧魏志‧荀攸傳》：「太祖（曹操）拔白馬還，遣輜重循河而西。」這是指軍需物資。

安車。是一匹馬拉的小車，可以在輿內安坐。《禮記‧曲禮上》：「大夫七十而致事（離職）……適四方，乘安車。」《史記‧甘茂列傳》：「秦武王三年，謂甘茂曰：『寡人欲安車通三川，以窺周室，而寡人死不朽矣。』」秦武王第二年便死去了，大概這時他已自感不妙，所以想乘安車出征。如果君王用安車徵聘某人（一般都是讀書人），則是一種「殊榮」。《後漢書‧逸民傳》：「桓帝乃備玄纁之禮（布帛之類），以安車聘之（指韓康）。」以安車送行也是一樣的道理。《史記‧孟子荀卿列傳》：「〔梁〕惠王欲以卿相位待之，〔淳于〕髡因謝去，於是送以安車駕駟，束帛加璧，黃金百鎰。」古代車輿與輪軸之間沒有彈簧，路面又不好，車子走起來顛簸之狀可以想見。為了坐在上面更加舒適，可以用蒲草裹輪。

溫車。是一種臥車，有帷幔，有窗子，可以根據氣溫開閉，調節車內氣溫。《史記‧齊世家》：「桓公之中鈎（被管仲

射帶鉤），佯死以誤管仲，已而載溫車中馳行。」溫車又叫輼
輬車。又《李斯列傳》：「李斯以為上（秦始皇）在外崩，無
真太子，故秘之，置始皇居輼輬車中。」後來輼輬車被用作
喪車。《漢書‧霍光傳》：「載光屍柩以輼輬車。」近年在西
安出土了完整的銅車馬，有帷，有頂，頂微呈脊形，後有門，
前邊及左右有窗，當即輼輬車。

　　附帶說一句：凡有帷幔、供坐臥或載物的車，御者都在
帷幔之外、車輿的最前邊，居中，而且是跪坐。

　　傳車。是用於傳遞消息法令的車，為驛站所專用，較為
輕快，在先秦叫馹。《左傳‧襄公二十一年》：「晉侯問叔向
之罪於樂王鮒（晉大夫）……於是祁奚老矣，聞之，乘馹而
見宣子。」《晏子春秋‧內篇雜上》：「景公聞之（指晏子離職
而去），大駭，乘馹而自追晏子。」這都是因為事情緊急而乘
馹。傳車也可簡稱傳。《史記‧范睢蔡澤列傳》：「於是秦昭
王大悅，乃謝王稽，使以傳車召范睢。」

　　輦。是人推挽的車。《穀梁傳‧成公四年》：「晉君召伯
尊而問焉。伯尊來，遇輦者。輦者不辟（同避），使車右下
而鞭之。」輦者，即挽車人。《左傳‧成公十七年》：「齊慶
克通於聲孟子，與婦人蒙衣乘輦而入於閎（巷門）。」後來輦
成為皇帝、皇后的專用車。《史記‧梁孝王世家》：「以太后

親故，王入則侍景帝同輦，出則同車遊獵，射禽獸上林〔苑〕中。」「入」指在宮內，說明帝王只在宮內使用。司馬遷《報任安書》：「僕賴先人緒業，得待罪輦轂下二十餘年矣。」杜牧《冬至日遇京使發寄舍弟》：「尊前豈解愁家國，輦下惟能憶弟兄。」輦轂下或輦下都指皇帝所居之地，也就是京師。

　　附帶說說肩輿。肩輿即今之轎子、滑竿，原為上山時所用，作為交通工具時代較晚，開始時也不普遍。《南齊書‧垣崇祖傳》：「崇祖著白紗帽，肩轝（同輿）上城。」車無法上城，所以乘肩輿。《世說新語‧簡傲》：「謝中郎是王藍田女婿。嘗著白綸巾，肩輿徑至揚州聽事（官府大堂）。」白巾、肩輿，與垣崇祖同，意在表示不同凡俗。《資治通鑑》卷一九八：「〔唐太宗〕嘗乘腰輿，有『三衛』（皇帝衛士的總稱）誤拂御衣，其人懼，色變。」胡三省注：「腰輿，令人舉之，其高至腰。」這樣看來，腰輿與肩輿同類，只是不上肩而已。

（五）兵車

戎車	扃	斾	旗	鼓	轅門
戎路	大輅	金路	輕車	革車	輴車

上文說到過，兵車古稱戎車，因為戎

是古代兵器的總稱，就跟戎馬是軍馬，戎服是軍服，戎行是
軍隊一樣。

在上古，貴族平時乘的車子遇有戰事就開上戰場，兵車
與一般車子沒有甚麼區別。但拉車的馬在打仗時要披上鎧
甲。《左傳・成公二年》：「齊侯曰：『余姑翦滅此而朝食。』
不介馬而馳之。」在這次戰鬥中不介馬一事被特別記下來，
即因為平時一般都要「介」，齊頃公太輕敵急躁了，因而破
例。同時，兵車上要放武器如弓、矢、戈等，因而車上有櫜、
韔等盛武器的容器。《左傳・成公十六年》：「〔楚共〕王召養
由基，與之兩矢，使射呂錡（晉大夫），中項，伏韔。以一
矢復命。」又：「石首（晉大夫）曰：『衛懿公惟以不去其旗，
是以敗於熒。』內（納）旌於韔中。」韔本是盛箭的，當然也
就可以放旗。《左傳・宣公十二年》：「晉人或以廣（兵車）隊
（墜，指陷入泥坑），不能進，楚人惎（教導）之脫扃；少進，
馬還（旋），又惎之拔旆投衡，乃出。」扃是兵車上擱置兵器
的橫闌，兵車既陷於泥淖，橫木增加阻力，去掉扃後仍不免
原地打轉，是因為旗子兜風，抵消了馬力，因此楚人又教晉
人把旗平倒在車衡上。扃、旆都是兵車必備之物。

古代兵車上都有旗，種類、名稱繁多，不能細述。旗與
鼓是指揮作戰的信號，因此主帥的車上必有。《左傳・隱公

十一年》寫鄭伐許，「潁考叔取鄭伯之旗蝥弧以先登。子都自下射之，顛。瑕叔盈又以蝥弧登，周麾（揮）而呼曰：『君登矣。』鄭師畢登。」蝥弧是鄭伯旗的專名，大概各國諸侯、大夫的旗都有特殊的徽志。以旗麾軍而師畢登，可見旗在戰鬥中的作用。潁考叔「取」旗，即從車上拔取。又《莊公十年》：「公將鼓之，〔曹〕劌曰：『未可。』齊人三鼓，劌曰：『可矣！』」鼓為進軍的號令，旗的具體作用大約主要是讓全軍看到將帥所在的位置。

　　與平時乘車相反，戰車不求其舒適，而求其輕快，因而沒有車蓋、帷幔之類。

　　行軍過程中兵車還有一個特殊的用途：宿營時用車圍成圓圈，以防備敵人的偷襲或野獸的侵擾。銀雀山漢墓竹簡《孫臏兵法》：「車者，所以當壘〔也〕。」《三國志·魏志·武帝紀》：「連車樹柵，為甬道而南，既為不可勝，且以示弱。」「連車」，也就是用車為營，「不可勝」，說明這種自衛方法不易擊破，「示弱」，即讓軍隊躲在裡面好像不敢出戰。營壘之門，就是車所圍成的圓周留有缺口，並把兩輛車的轅相對而向上斜立，形成門形。因此軍門又稱轅門。王昌齡《從軍行》五：「大漠風塵日色昏，紅旗半捲出轅門。」這種方法來源甚古。《史記·五帝本紀》：「〔皇帝〕遷徙往來無常處，以師兵為營

衛。」張守節《正義》:「環繞軍兵為營以自衛,若轅門即其遺象。」其實,從「軍」字本身就可以看出古代是以車當壘的。軍字上邊的一,在篆體即表示包成一圈,與下邊的車相配,就是車子環衛的意思。《說文》:「軍,圜圍也。四千人為軍。」圜圍是本義,等到軍成為編制單位的名稱,已經是較晚的事了。

兵車中又有不同的種類和名稱。《周禮‧車僕》提到戎路、廣車、闕車、革車、輕車五種。對此前人有過許多詳細的考證,也有許多異義。我們只就古代文獻中常見的略作介紹。

戎路是天子以及諸侯所乘。《左傳‧僖公二十八年》:「王(周襄王)命尹氏、王子虎、內史叔興父策命晉侯(文公)為侯伯,賜之大輅之服、戎輅之服。」輅同路,大輅是封賜同姓諸侯的車,又稱金路。古代既以車、服為等級標誌,所以大輅、戎輅之服即包括車、服二者。

輕車即一般的戰車,為進攻敵軍的主力。《左傳‧哀公二十七年》:「中行文字(荀寅,逃亡在齊的晉大夫)告成子(齊大夫)曰:『有自晉師告寅者:將為輕車千乘以厭(壓)齊師之門,則可盡也。』」戰車的易損部位需用皮革包裹,因而輕車又名革車。

輀車。其形制已不可考,《左傳・宣公十二年》:「晉人
懼二子之怒楚師也,使輀車逆之。」孔穎達引服虔云:「輀
者,屯守之車。」再從輀由屯得聲來看,這是一種防禦性的
兵車,可能不像輕車那樣便於馳騁,但卻為敵人車馬所難於
攻破,因而較為笨重。

(六) 步行

行　步　走　奔　峙　跙　跙躚　躕躇 接武　布武　不翔　趨

古代的達官貴人行則有車,但是人的兩腳總不能永遠不沾地,於是關於走路古人又留下了許多規矩。這是君王貴族們「禮」的一部分。雖然歷代百姓未必照規定的那一套去走路,但文獻中卻時時可以看到與之相合的記載。對這些規矩有個粗略的了解,對我們閱讀古籍無疑是有用的。

古人對走路的動作分辨得很細。例如《釋名》說:「兩腳進曰行。徐行曰步。疾行曰趨。疾趨曰走。奔,變也,有急變奔赴之也。」與今天的話對照,如果古代單說「行」,就是走;如果「行」跟「步」相對而言,行就是正常速度的走,

步就是慢走。安步當車、漫步、踱步等詞語中的步字還是古義。古代的「走」相當於現在的跑。《釋名》以「變」釋奔，是用聲音相近的字詞相訓，意在說明奔這個詞來源於變，對這一點我們姑置無論，而它說「有急變奔赴之也」倒是描繪出了奔的特點：拚命地跑。有了緊急情況時跑的速度是要比平時快得多的。中國古代沒有百米賽跑，劉熙只能這樣來說明。這是着眼於走路的不同速度所作的解釋，很好理解。

《爾雅》有另一番解釋，是從走路的地點方面說的，卻不大好理解，可是如果搞清楚了，不但對於步、行、走、奔可以區分清楚，還可以知道些古人的禮俗。《爾雅》說：「室中謂之時，堂上謂之行，堂下謂之步，門外謂之趨，中庭謂之走，大路謂之奔。」下面作些簡要說明。

「時」是歭的借字，歭與跱、踟同，即後來常說的踟躕、躊躇，是徘徊、來回走動的意思。室內狹窄，在室中「走路」的特點是不能「一往而不復」，要想持續地走下去，只能在短距離內不斷往復。我們知道，大凡人走路急促時步子就比較小，舒緩時步子比較大。堂上的長度、面積都不大，走路時步子應該小一些；堂上既近於室，又是行禮之所，走路的速度也不應太快。堂下的地方較大，走路可以邁大步，速度也可以加快一些。「堂上謂之行」是說在堂上要像正常行

路那樣步子不大不小；「堂下謂之步」也是說每步的距離：在堂下可以邁出像漫步那樣較大的步子。這是以通常表示速度的步、行說明邁步距離的大小。「堂下」也就是庭，為甚麼《爾雅》又說「中庭（即庭中）謂之走」呢？堂是一般的宅院都有的建築，這裡的中庭指的是宮廷之庭。《爾雅》並不是說在朝中之庭上一定要跑，而是說只有在朝中之庭那樣開闊的地方才有「走」的條件。「大路謂之奔」也是同樣的道理。

《釋名》和《爾雅》的解釋初看起來有點矛盾（堂上行、堂下步，堂上比堂下快），但若結合起來看，二者還是一致的，而且只有溝通二者，我們才能對步、行、走等有全面的認識。

古人對行路動作的規定主要是在不同的時間地點應有不同的走法。《禮記·曲禮上》：「堂上接武，堂下布武，室中不翔。」武是足跡，接武即向前邁的一隻腳應該在緊挨着另一隻腳處落地，腳印一個「接」一個。布即散佈、分佈，布武即足跡不相連接。翔的本義是飛翔，在這裡是比喻的說法，意思是在室內走路時雙臂的擺動要小，不要像鳥飛那樣揮動，也就是不要大搖大擺。顯然，這些規定其實是跟《爾雅》、《釋名》一致的，也是跟室內、堂上、堂下的空間狀況相適應的。

《曲禮》還説:「帷薄之外不趨,堂上不趨,執玉不趨。」堂上地方小,不能也不必趨;執玉而趨容易脱手,把玉摔壞;帷薄之外看不到裡面的人,不見則不施禮,也無須趨。《韓詩外傳》卷四:「晏子聘魯,上堂則趨,授玉則跪。子貢怪之……晏子對曰『夫上堂之禮,君行一,臣行二。今君行疾,臣敢不趨乎?今君之授幣也卑(矮),臣敢不跪乎?』」子貢之怪,即因堂上不該趨而晏子趨,所據是正禮;晏子也有道理,是權變。《史記·汲鄭列傳》:「上(漢武帝)嘗坐武帳中,黯前奏事,上不冠,望見黯,避帳中,使人可(同意)其奏。」以帳相隔,則雙方不着面,可以免禮,武帝不冠既無所謂,依理推測汲黯也就可以不趨。

《曲禮》明確規定「三不趨」,也就等於告訴人們:在其他地方都可以趨或必須趨。例如《曲禮》説:「遭先生於道,趨而進」;「先生與之言則對,不與之言則趨而退」。趨進、趨退,是對「先生」的尊敬。《論語·微子》:「楚狂接輿歌而過孔子……孔子下,欲與之言,趨而辟(避)之,不得與之言。」接輿趨,並非是「先生不與之言」,而是相反;而「趨」避(即退)也包括對對方的尊重,並非單單是為了快點躲開。又《鄉黨》:「趨進,翼如也(恭敬的樣子)。」

在他人面前趨,是恭敬的表示。在儒家的經典上沒有詳

細開列有關趨的條例，我們從古代文史作品中可以看出，其總的原則是在尊者面前要趨，特別是在君王的面前，趨更是不可少的。例如，《戰國策·趙策》：「左師觸龍言願見太后，太后盛氣而胥（等候）之。〔觸龍〕入而徐趨，至而自謝：『老臣病足，曾不能疾走，不得見久矣，竊自恕。』」臣見君，入門就要趨，因為一入門即是庭中。但觸龍卻是徐趨，按說這是不合要求的，因此他要聲明「病足」，說明自己趨而不疾是有緣由的。作出趨的樣子而又緩慢，觸龍就解決了「禮」與「病」之間的矛盾，開口勸趙太后讓長安君出質的話題也就有了。——必須結合古人對趨的要求才能看出觸龍「徐趨」中的「學問」。即使在戰場上趨的禮節也是不可少的。《左傳·成公十六年》：「郤至三遇楚子之卒，見楚子，必下，免冑而趨風。」晉楚交戰，郤至見到敵國國君還要致敬，這是符合春秋時代的慣例的。他致敬的方式一共三個：下車、免冑（已見第一編）、趨。趨風者，疾趨如風。這和觸龍的「徐趨」恰成對比，又過快了。但在激烈交鋒的戰場上還要考慮到安全問題，也只能如此。

　　對方即使不是國君，也並非尊貴年長者，只要是值得尊重的，也要趨。《論語·子罕》：「子見齊衰者（穿喪服的）、冕衣裳者（穿禮服的）與瞽者，見之，雖少（年輕），必作（站

起來），過之，必趨。」《史記‧萬石君列傳》：「慶（石慶）及諸子弟入里門，趨至家。」這是因為里中還有鄰居、同族人，自己地位高，對他們也要表示敬重。又：「萬石君徙居陵里（長安里名）。內史慶醉歸，入外門不下車，萬石君聞之，不食……萬石君讓（責備）曰：『內史，貴人！入閭里，里中長老皆走匿，而內史坐車中自如，固當！』」依萬石君的意思，石慶不但要下車，而且應該「趨至家」。在官場中，下級見上司當然要趨。《後漢書‧儒林傳》：「〔孫堪〕嘗為縣令，謁府，趨步遲緩，門亭長（府的守門人）譴堪御史，堪便解印綬去，不之官。」趨得緩慢了都要受譴，不趨自然更是不允許的了。但要求最為嚴格的還是臣在君前。觸龍病足（不管是真是假）也還要趨，即可見一斑。

首次明文規定臣見君趨大約是在漢初叔孫通為劉邦制定的朝儀。《史記‧叔孫通列傳》：「儀：先平明（天亮之前），謁者治禮，引以次入殿門，廷中陳車騎步卒衛宮，設兵張旗志（幟）。傳言：『趨！』殿下郎中俠（夾）陛，陛數百人。功臣、列侯、諸將軍、軍吏以次陳西方，東鄉；文官丞相以下陳東方，西鄉。」此後的封建王朝基本上沿襲了這個規矩。如果誰被批准免去這一禮節，那就是獨沐皇恩、特殊的榮耀了。例如蕭何就是歷史上第一個被賜以履劍上殿、入朝不趨

的。當時還有一個周緤，並沒有甚麼軍功，只是因為有一次哭着勸劉邦不要親自出征，「上 (劉邦) 以為『愛我』」，於是「賜入殿門不趨，殺人不死 (不抵命)」。見到長者尊者往前緊走幾步，這本是發自內心的尊敬，而一經封建統治者的利用，便成了形式，成了他們進行統治的工具了。更有甚者，《漢書·賈誼傳》上說：「過闕則下，過廟則趨，孝子之道也。」敬人擴展到該人所居和死後受祭之地，也是人為製造威嚴的手法。依此看來，萬石君過宮門闕「必下車趨」，也是有經典依據的。

在封建社會中對於行路還有許多規定，例如「行不中道，立不中門」，「入臨 (進門憑弔死者) 不翔」(並見《曲禮》)等等，因為跟閱讀一般古籍的關係不大，就無需介紹了。

(七) 道路

古代有關道路的名稱要比今天多。《爾雅·釋宮》：「一達謂

達	道路	歧旁	劇旁	衢	康	莊
劇驂	崇期	逵
徑	間道	蹊	衝	樹	亭	館	舍

之道路，二達謂之歧旁，三達謂之劇旁，四達謂之衢，五達

謂之康，六達謂之莊，七達謂之劇驂，八達謂之崇期，九達謂之逵。」所謂達即通，一達指沒有岔道，三達指丁字形街，四達是兩路十字交叉。

但是《爾雅》所列有些在文獻中得不到證明，如歧旁、劇旁、劇驂、崇期。有些雖然常見於文獻，可是到底所指為幾達之道也很難說。例如衢，也有人說是五達，有人說是六達，甚至有說九達的。康、莊、逵是不是五達、六達、九達，從文獻中也很難看得出來。大約道、路為通名，凡人、車常走的地方都叫道或路，比較寬闊的叫康、莊（康、莊都有大的意思），岔路多的叫衢、逵。《史記·孟子荀卿列傳》：「自如淳于髡以下，皆命曰列大夫，為開第（宅第）康莊之衢。」《列子·仲尼》：「堯乃微服（穿普通衣服，化裝）遊於唐衢。」這兩個衢字都指岔路，前面加上康或康莊修飾，意即指熱鬧的街市。《左傳·隱公十一年》：「鄭伯將伐許，五月甲辰，授兵於大宮。公孫閼與潁考叔爭車，潁考叔挾輈以走。子都拔棘（同戟）以逐之，及大逵，弗及。」《淮南子·說林訓》：「楊子（楊朱）見逵路而哭之。」這兩個逵也是指岔道口。街與衢恐怕也沒有甚麼分別。《史記·魯周公世家》：「公（魯哀公）遊於陵阪，遇武伯於街。」《左傳·哀公二十七年》記載此事「街」作衢。《史記·孫子列傳》：「君不若引兵

疾走大梁，據其街路，衝其方虛（正空虛的後方），彼必釋趙而自救。」街路，即交通要道。

此外還有一些道路的名稱也應知道。

徑。小路叫徑。《史記‧廉頗藺相如列傳》：「相如度秦王雖齋（齋戒），決負約不償城，乃使其從者衣褐，懷其璧，從徑道亡，歸璧於趙。」走小路，是因為小路一般較大路近，可以更快地到達，更重要的是沒有關卡、人少，免得暴露。《論語‧雍也》：「子游（孔子弟子）為武城宰。子曰：『女得人焉耳乎？』曰：『有澹台滅明者，行不由徑，非公事未嘗至於偃（子游的名）之室也。』」這是說其人方正，沒有私人之請，連走路也一定要走「正路」。徑又稱間道，意思是避開眾人的路。《史記‧淮陰侯列傳》：「〔韓信〕選輕騎二千人，人持一赤幟，從間道萆（同蔽）山而望趙軍。」因而間行也是指走小道。又《項羽本紀》：「當是時，項王軍在鴻門下，沛公軍在霸上，相去四十里。沛公則置車騎，脫身獨騎，與樊噲、夏侯嬰、靳強、紀信等四人持劍盾步走，從酈山下，道芷陽間行。沛公謂張良曰：『從此道至吾軍，不過二十里。度我至軍中，公乃入。』」步走，是因為小路不能通車；間行，也與藺相如的從者從徑道歸趙用意一樣；鴻門距霸上原本四十里，走小路只有二十里，是因為徑、間道總是

人們為了抄近而走出來的。

蹊也是小路。《史記‧李將軍列傳》：「諺曰：『桃李不言，下自成蹊。』此言雖小，可以諭大也。」桃、李樹下的路自然是小路。因此《釋名》說：「步所用道曰蹊。」

衝是交通要道。《左傳‧昭公元年》：「〔鄭徐無犯之妹〕適（嫁）子南氏，子晳怒，既而囊甲以見子南，欲殺之而取其妻。子南知之，執戈逐之，及衝，擊之以戈，子晳傷而歸。」衝要則通常專指軍事上重要的地方。《後漢書‧南匈奴傳》：「連年出塞，討擊鮮卑，還復各令屯列衝要。」也可以說要衝。

古人早就知道大路兩旁應該植樹。《國語‧周語》：「列樹以表道。」可見古代路邊確實栽樹。

為了行人，首先是為了君王的使者和官員走在路上能及時得到休息，沿着國家的主要道路設有若干亭館，有人看管，備有糧柴。《周禮‧大行人》和《掌客》說天子境內沿途為諸侯前來朝聘準備糧食、馬料，並且定量供應。其所述的具體條例並不可信，但行人在亭舍「打尖」則確是古已有之。《左傳‧僖公三十年》：「若舍鄭以為東道主，行李（使者）之往來，供其乏困，君亦無所害。」雖說鄭要充當秦東方道上的主人，但負責供應使者的資糧卻是守亭館者的任務。這是謙辭。《三國志‧魏志‧張魯傳》：「諸祭酒（五斗米教的正

式成員）皆作義舍，如今之亭傳，又置義米肉，懸於義舍，行路者量腹取足。」這已完全是民間自發的服務設施，但其性質與《周禮》所說還是一樣的。

大約秦漢之際這種路上的館舍就叫亭。亭者，停也。意即供行路者停下休息的。漢高祖劉邦未起事前就是一位亭長。這時亭是否還負責供應吃喝則已不可考。後代又有長亭、短亭的區別，據說十里一長亭，五里一短亭。柳永《雨霖鈴》:「寒蟬悽切，對長亭晚，驟雨初歇。」這時的亭似乎已經純粹是供人歇腳的地方了。

責任編輯	梅　林
書籍設計	彭若東
責任校對	江蓉甫
排　　版	周　榮
印　　務	馮政光

書　　名	中國古代衣食住行
叢 書 名	文史中國
作　　者	許嘉璐
出　　版	香港中和出版有限公司 Hong Kong Open Page Publishing Co., Ltd. 香港北角英皇道499號北角工業大廈18樓 http://www.hkopenpage.com http://www.facebook.com/hkopenpage http://weibo.com/hkopenpage Email: info@hkopenpage.com
香港發行	香港聯合書刊物流有限公司 香港新界荃灣德士古道220-248號荃灣工業中心16樓
印　　刷	中華商務彩色印刷有限公司 香港新界大埔汀麗路36號中華商務印刷大廈
版　　次	2020年12月香港第1版第1次印刷
規　　格	32開（130mm × 195mm）232面
國際書號	ISBN 978-988-8694-45-7

© 2020 Hong Kong Open Page Publishing Co., Ltd.
Published in Hong Kong